AF211587

Gott ist ein Träumer

TEIL 2

S.B.

1. Auflage
Deutsche Erstausgabe Dezember 2024
© S. B.

Umschlaggestaltung: Laura Newman
Lektorat und Korrektorat: Gina Haase

Verlag: BoD · Books on Demand GmbH, In de Tarpen 42,
22848 Norderstedt, bod@bod.de
Druck: Libri Plureos GmbH, Friedensallee 273,
22763 Hamburg
ISBN: 978-3-7597-8781-1

Hallo.

Hallo.

Na, wie schaut's?

Gute Frage.

Bereit für ein neues Buch?

Eigentlich nicht so wirklich.

Warum?

Ich fühle mich leer.

Tatsächlich?

Ja.

„Fühlst" du dich leer oder „bist" du leer?

Wo ist der Unterschied?

Du „bist" leer, wenn du in einem tiefen Seinszustand bist und realisierst, dass du nicht deine Gefühle oder Gedanken bist.
Du „fühlst" dich leer, wenn du realisierst, dass du offenbar mit Dingen beschäftigt bist, die eher „Ballast" für dich sind.

Ich nehme das Zweite.

Na schön. Dann bedeutet das so viel wie: „Stephan beschäftigt sich mit Nebensächlichkeiten."

Das mag sein.

Kein Protest?

Nein, eher nicht.

Du scheinst wirklich durchzuhängen...

Es ist warm, ich habe kochende Füße, möchte am liebsten irgendwo am Pool liegen und mich um gar nichts kümmern. Irgendwie so.

Fantasiereise?

Nein. Ich will das in Realität!

Na schön. Wäre denn in deiner „Realität" noch ein Platz am Pool frei?

Für wen? Für dich?

Um mich brauchst du dich nicht zu kümmern.

Um wen sonst?

Wenn du es nicht weißt...

Stopp. Ich ahne, worauf du hinaus willst...

Ich wollte dir nur einen geschmeidigen Übergang zum letzten Buch ermöglichen.

Das ist lieb von dir. Aber vielleicht sollten wir erst einmal intern besprechen, wie wir den genau gestalten wollen?

Warum? Zu privat?

Vielleicht.

Na schön. Aber du weißt schon, dass du nicht gleichzeitig ein Buch schreiben kannst und deine Privatsphäre maximal schützen?

Das ist mir klar.

Na also.

Es ist eben die Frage, über was du konkret plaudern möchtest.

Ich „plaudere" nicht.

Was dann?

Jeder einzelne Satz hat einen bestimmten Sinn und Zweck. Auch wenn es hier und da mal danach klingt, als hätten wir zu viel Zeit...

Haben wir wohl nicht?

Die Zeit auf der Erde ist begrenzt.

Das ist mir klar.

Wenn ich mal auf dein bisheriges Leben schaue, scheint dir das nicht immer so klar gewesen zu sein.

Das mag schon sein.

Und?

Mittlerweile ist mir das aber klar.

Schön. Und wie war der Übergang?

Der Übergang vom letzten Buch?

Der Übergang von: „Ich habe alle Zeit der Welt"
zu: „Oh Schreck, die Zeit wird knapp!"

Fließend. Ab einem bestimmten Punkt dann allerdings eher schnell fließend.

„Fließend" mit oder ohne Schockmomente?

Du meinst in Richtung Panikattacken?

Ja?

Immer mal wieder.

Habe ich mir gedacht.

War scheinbar nicht zu vermeiden.

Eher nicht. Aber wie es so aussieht, fängt dein Leben ja jetzt erst richtig an.

Denkst du?

Ich bin mir ziemlich sicher.

Was macht dich da so sicher?

Ein Blick in deine Zukunft.

Was hat „dein" Blick in „meiner" Zukunft verloren?

*Ich habe ja schon öfter erwähnt, dass ich kein
Gefühl habe für Zeit.*

Habe ich auch nicht.

*Ja schon. Aber bei mir äußert sich das nicht,
indem ich pausenlos zu spät komme, ich „sehe"
die Wirklichkeit nicht durch die Brille der Zeit.
Bei mir spielt dieser Aspekt keine Rolle.*

Das würde ich auch gerne sagen können. Für
mich allerdings schwer vorstellbar, wie man das
so „sehen" kann.

*Ich weiß. Vorstellbar ist das im Grunde auch
nicht, du kannst es nur erleben.*

Wie?

Es hängt mit deiner Wahrnehmung zusammen. Und die ist bei dir halt erdgebunden.

Das sollte mich jetzt aber auch nicht weiter wundern, oder?

Natürlich nicht. Das ist normal. Nicht nur für dich. Für fast alle Menschen.

Aber es gibt Ausnahmen?

Die gibt es immer.

Und du bist eine solche?

Ich fühle mich nicht unbedingt als „Ausnahme". Aber was ich vielleicht bin, oder auch nicht, können wir später möglicherweise noch einmal beleuchten. Vielleicht sprechen wir jetzt erst einmal über das Ergebnis meiner Recherche?

Recherche?

Deine Zukunft.

Ach so?

Nicht interessiert?

Nur wenn sie positiv ist.

„Positiv" heißt für dich?

Na, wenn es mir dort gut geht.

Wann geht es dir denn gut?

Wenn ich am Pool sitze. Oder liege. Habe ich bereits erwähnt.

Gut, aber du wirst doch jetzt nicht den Rest deines Lebens an einem Pool sitzen wollen, oder?

Warum denn nicht?

Das wäre aber unter Umständen nicht sinnvoll.

Für wen? Für mich?

Ja, für dich.

Warum?

Weil du vermutlich dein Leben, oder den Rest davon, verschwendest für eine konstruierte Idee aus deinem Verstand.

Was würde er denn in meinem Fall so konstruieren?

Er würde dir vielleicht sagen, dass es gut ist, dich aus allem herauszuhalten und lieber entspannt zu sterben, als deinen Sehnsüchten zu folgen...

Musst du ein so schönes Thema gleich wieder überladen mit Sinnfragen des Lebens?!

Du hast doch gesagt, dass dir die Lebenszeit knapp wird.

Habe ich? Was für eine unvorsichtige Aussage! Speziell am Pool habe ich diese Gedanken nämlich gar nicht. Und kann ich mich überhaupt erinnern, wie wir auf dieses unangenehme Thema gestoßen sind?

Zufall. Eine glückliche Fügung. Für dich. Mit der Chance, das speziell für den jungen Mann noch einmal klar zu bekommen.

Was genau?

Das mit der „Zeit" auf der Erde. Oder sollte ich lieber sagen: Das mit der „fehlenden Zeit" auf der Erde?

Das überkommt mich tatsächlich des öfteren. Ich vermute aber, es liegt daran, dass ich zu wenig Zeit am Pool verbringe.

Das mag sein. Vielleicht ist es dir dort alleine auch zu langweilig?

Warum eigentlich?

Warum du alleine bist? Vielleicht bist du einfach zu intelligent und findest keine Freundin auf deinem Niveau?

Nein. Warum ist dieses Gefühl manchmal so präsent? So unangenehm präsent?

Kannst du dir das nicht denken?

Soll es mich wachrütteln?

Wäre doch möglich, oder? Stell dir mal vor, niemand würde das tun, keine Intelligenz in dir einen Weckruf starten. Du würdest am Pool einpennen und dir den Sonnenbrand deines Lebens holen. Geschickter wäre doch zu agieren, bevor Schaden entsteht. Oder?

Aber wann verplempere ich denn mein Leben? Gibt es da eine bestimmte Grenze?

Vielleicht schon. Vielleicht ist sie genau dort, wo du dich nicht mehr wirklich „lebendig" fühlst. Du es dir in deiner Umgebung gemütlich eingerichtet hast. Vielleicht etwas zu gemütlich? Die dauernde Beschäftigung mit Poolangelegenheiten ist sicher nicht das, was die Quintessenz deines Lebens sein sollte, oder?

Vielleicht nicht nur. Aber wie wäre es denn mit: Lottogewinn, Yacht, Haus am See, Schöne Frau und Sportwagen? Die „Big Five" außerhalb Afrikas...

Sind mir bekannt.

Und? Von denen hältst du wohl genauso wenig?

Nicht als Grundlage deines Lebens. Als Beiwerk kannst du sie gebrauchen, wenn sie in deinem Leben erscheinen. Dir gute Gefühle bescheren. Die ein oder andere Überraschung ist ja manchmal ganz nett...

„Grundlage" heißt bei dir?

Die Grundlage, das solltest du inzwischen wissen, ist dein persönlicher „Sinn des Lebens". Warum du halt hier bist. Hier, zu dieser Zeit, mit diesem Körper, mit diesem Geist.

Und du denkst, mich zu dieser Zeit, mit diesem Körper und meinem brillianten Geist am Pool zu räkeln, wäre zu wenig?

Entschieden zu wenig. Und übrigens: Geist würde reichen.

Schade. Ich dachte gerade, ich hätte dort meinen Sinn des Lebens gefunden. Oder fehlt vielleicht nur ein geeigneter Drink? Wäre ich damit safe?

Nein.

Nochmal schade. Aber was denkst du müsste ich noch hinzufügen, damit es mehr in Richtung Sinnhaftigkeit geht? Wenn ich dort vielleicht noch ein wenig verweilen möchte?

Dann wäre es tatsächlich hilfreich, dass du dich noch einmal erinnerst, wie das erste Buch geendet ist...

Oh.

Und?

Das waren meiner Meinung nach 2 leere Seiten.

Ich meine die mit Inhalt...

Das war dann dein Satz: „Bestens, das lassen wir dann so..."

Und was genau wollten wir dann so lassen?

Dass ich sprachlos war...

Und worüber warst du sprachlos?

Fragen über Fragen! Daran kann ich mich jetzt nicht mehr so genau erinnern.

Soll ich deine Erinnerung vielleicht mal etwas auffrischen?

Nicht nötig. Bist du es denn nicht, der mir, teils mehrfach am Tag, sagt, dass die Vergangenheit bedeutungslos ist?

Das stimmt.

Na bitte.

In diesem Fall ist sie das allerdings nicht. Außerdem meine ich mit „Vergangenheit" deine

„erinnerte Vergangenheit". Die brauchst du in der Tat nicht mehr. Aber diese spezielle Vergangenheit, von der wir gerade reden, wird ja letztlich zu deiner Zukunft. Und demnach ist sie relevant.

Hinsichtlich? Oder nein, ich will es gar nicht wissen!

Stephan, es bringt jetzt nichts, wenn du die Augen zumachst und dir die Ohren zuhältst...

Doch. Dann kann ich wenigstens nichts schreiben.

Du bist kindisch.

Na und? Du hast mir schon so oft gesagt, ich solle mehr wie ein Kind sein. Das gilt hier wohl nicht?!

Nein. Außerdem habe ich von „Kindlichkeit" gesprochen, nicht von „Kindisch".

Erbsenzähler.

Gar nicht. Der Unterschied ist groß. „Kindisch"
können nämlich nur Erwachsene sein, „Kindlich"
bezieht sich hingegen auf kein bestimmtes Alter.
Im Übrigen sage ich das immer dann zu dir, wenn
ich der Meinung bin, du solltest gewisse Dinge
leichter, kreativer anschauen. Eben wie Kinder
üblicherweise sind.

Schon gut. Wären wir dann mit dem Thema
durch?

Wären wir nicht.

Ich hätte aber noch so viele Fragen zu meiner
Zukunft...

Ach, auf einmal? Auch wenn deine „Vergan-
genheit", von der du eben gar nichts weiter
wissen wolltest, eine dominante Rolle in deiner
Zukunft spielt?

Warum stört mich gerade dieses Wort „Domi-
nant"?

Weil du Angst hast, von jemandem „dominiert" zu werden.

So genau wollte ich es denn auch nicht wissen.

Selbsterkenntnis ist wichtig.

Vielleicht. Dann sollte sie aber von mir „selber" kommen, oder? Und nicht ausgerechnet von dir...

Ich habe dir nur einen kleinen Schubs gegeben.

Warum habe ich eigentlich ständig das Gefühl, dass ich ein vollkommener Idiot bin?! Anstatt die Krone der Schöpfung? Und dritte Frage: Warum habe ich dieses Gefühl erst, seitdem wir uns kennen?

Welche Frage möchtest du zuerst beantwortet haben?

Gar keine.

Sei nicht so bockig. Und mal im Ernst: Ist es nicht immer auch heilsam gewesen, wenn du mal ein sperriges Thema für dich erfolgreich durchleuchten konntest?

Und warum fühlt es sich immer wieder so beklemmend an? Auch wenn ich weiß, dass es am Ende oft eine riesige Erleichterung ist?

Weil du gefühlsgesteuert bist.

Ich dachte gerade nicht.

Doch, da schon. Du hast vielleicht Probleme, ins Gefühl zu kommen, wenn du es gerne möchtest. Um mit guten Gefühlen dein Leben zu bereichern. Aber die Gefühle, von denen ich hier bei dir spreche, sind „zwanghaft".

Klingt nicht wirklich erbaulich.

Nein. Ist es im Grunde auch nicht. Aber da geht es dir, wie sicherlich den meisten Menschen: Schlechte Gefühle sind eben da zu finden, wo etwas nicht gerade zu deinem Vorteil läuft.

Auch wenn ich schon weiß, worum es geht? Sagen wir einmal, ich blicke bei dieser Sache durch. Von der du gerade gesprochen hast. Ich hätte oder habe Angst davor, „dominiert" zu werden. Dann habe ich es doch erkannt, kann der Sache auf den Grund gehen und meine Einstellung verändern. Ich weiß doch anhand vieler Erfahrungen, dass es hinterher gut sein wird. Wieso mache ich mir dann immer wieder auf's neue ins Hemd, wenn ich auf irgendetwas Schwieriges gestoßen bin?

Weil du eben eine Zwangsverknüpfung hast zwischen Ereignis und Ergebnis.

?

In deinem Unterbewussten hast du alle Erfahrungen, die du jemals in deinem Leben gemacht hast, abgespeichert. Und die meisten dieser Erfahrungen kommen aus deiner, zumeist frühen, Kindheit. Oder auch schon im Bauch deiner Mutter. Und da du ohne Filter, ohne Bewusstseinsfilter, hier auf der Erde erscheinst, nimmst du alle Erfahrungen klaglos in dir auf und hältst sie für wahr. Und was eigentlich noch bedeutsamer ist: Für relevant. Und irgendwann stellst du dann fest, dass du dich langsam zu einer eigenen Persönlichkeit zu entwickeln beginnst. Du mehr und mehr eigene Erfahrungen machst. Aber die, die schon da sind, diese eigentlich neuen Erfahrungen beeinflussen.

Wie?

Wenn du zum Beispiel als Zehnjähriger mit deinen Freunden unterwegs bist, ihr vielleicht an einen Teich gegangen seid, um da zu spielen, dann mag es sein, dass du dich möglicherweise gar nicht traust, näher an das Wasser zu gehen. Weil dir eine vergangene Erfahrung sagt: „Wasser bedeutet Gefahr". Und da ist es egal, dass der Tümpel vielleicht nur einen halben Meter tief ist, du bekommst trotzdem Gänsehaut.

Weil?

Weil du eine „Erfahrung" gemacht hast, mit Wasser, an die du dich gar nicht mehr erinnern kannst. Vielleicht mal als Baby in der Badewanne fast abgesoffen, die Befürchtung gehabt, keine Kontrolle über das zu haben, was da mit dir passiert. Und niemand war da, vielleicht auch nur für ein paar Sekunden, der dir hätte helfen können. Möglich sind aber auch Erfahrungen, die du selber gar nicht gemacht hast, sondern vielleicht deine Mutter. Wenn sie, beispielsweise, während sie mit dir schwanger war, etwas Unangenehmes in Verbindung mit Wasser erlebt hat. Wir können eben auch, gerade als kleine Kinder, Erfahrungen „durch“ andere Menschen machen. Wie bereits im ersten Buch erwähnt, unterscheidet das Baby im Mutterbauch nicht zwischen der Mutter und ihm selbst. Das ist eins.

Das ist ja eher ungeschickt.

Sagst du. Es gibt aber auch sicher übernommene Erfahrungen von anderen, die durchaus nützlich sein können. Speziell wenn es darum geht, lebensbedrohliche Situationen richtig zu bewerten. Aber du hast schon recht. Allzu oft stehen uns übernommene Erfahrungen eher im Weg, als dass sie uns nützen.

Scheint so.

Bei dir ist es ja nichts anderes. Du hast, von wem oder was auch immer, vielleicht die „Erfahrung" gemacht, dass du darauf achten solltest, deine persönliche Integrität zu wahren, weil du sonst von anderen bestimmt werden könntest. Sie in dein Leben eingreifen, obwohl du das gar nicht willst. Du wunderst dich möglicherweise nur, dass du mit anderen Menschen, vielleicht speziell auch und gerade mit deiner Partnerin, gar keine richtige Nähe aufbauen kannst. Und wenn es ganz dumm kommt, fällt es dir noch nicht einmal auf, dass es immer wieder auf das gleiche Ergebnis hinausläuft. Das kann dann schon frustrieren.

Welches beispielsweise?

Dass du dich trennst. Obwohl du gar nicht so genau weißt, warum. Einfach weil du irgendwann Panik bekommst und das Gefühl hast, in einer Beziehung „eingesperrt" zu sein.

Ah ja.

Sagt dir was, nicht wahr?

Schon.

Und das ist eine Sache, die du selber „produzierst", da kann deine Partnerin gar nichts dafür.

Dann wäre das unter Umständen ein Ergebnis einer frühkindlichen Erfahrung?

Das ist sehr sicher so. Wer sollte denn sonst eine solche Erfahrung gemacht haben? Du etwa als Erwachsener?

Vielleicht. Warum nicht?

Aber warum denn? Warum solltest du als Erwachsener, der über sein Verhalten, über seine Bedürfnisse bestens reflektieren kann, das Gefühl bekommen, in einer Partnerschaft gefangen zu sein?

Und wenn mir meine Partnerin tatsächlich das Gefühl gibt? Wenn sie sich ganz konkret so verhält? Sie mich mehrmals am Tag anruft, wann ich denn endlich nach Hause komme? Oder mich nicht gehen lässt, wenn ich mal zum Sport will?

Wir reden hier aber schon noch von einer „normalen" Partnerin, oder? Ich meine, dass es Menschen gibt, die wirklich einen Hau haben, wenn ich das mal so salopp formulieren darf, das ist klar. Dann musst du logischerweise da weg. Aber ich rede hier von natürlichen, menschlichen Bedürfnissen, vom Wunsch nach Nähe und Austausch. Und wenn du das schon als etwas interpretierst, das dir auf die Pelle rückt, dich einfangen will, um dich dann genüsslich zu verspeisen, dann bist du es wohl eher, der einen Hau hat. Dann würde ich schon sagen, dass da irgendetwas war, was dich auf eine falsche Fährte gelockt hat.

Das will ich nicht ausschließen.

Das ist so. Aber das ergeht in gewissem Maße ja jedem Menschen so. Das hatten wir ja auch schon im ersten Buch festgestellt. Du kannst dich gar nicht dagegen wehren, dass du von deiner „Umwelt" geprägt wirst. Und je nachdem, wo du

„landest" als Baby, ist eben eine ganz spezielle Umgebung da, die dich empfängt.

Pech gehabt.

Kein Pech. Absicht.

Du meinst, dass meine Seele mich bewusst dahin geschickt hat?

Na, ganz so passiv würde ich es nicht ausdrücken. „Du" bist ja, bevor dein Bewusstsein in den heranwachsenden Embryo „eintaucht", noch ein fester Bestandteil deiner Seele. Aber das ändert sich natürlich nachhaltig, wenn du beginnst, dich immer mehr mit diesem kleinen Körper im Mutterbauch zu identifizieren. Das hatten wir ja ebenfalls schon erwähnt.

Aber du hattest dort ja gesagt, dass wir wissen, zu welcher Familie wir kommen. Dass das kein Zufall ist.

Ja, das war kurz Thema.

Das würde im Umkehrschluss aber auch bedeuten, dass ich, bevor ich auf der Erde erscheine, weiß, auf welches Abenteuer ich mich einlasse.

Das ist so.

Und damit auch, welche Erfahrungen ich, so unfreiwillig und zwingend sie auch sein mögen, schon mal machen werde.

Auch das ist richtig.

Was hat sich der „Liebe Gott" dabei nur gedacht?

Jede Menge...

Ach ja?

Das hat er.

Und was, wenn ich fragen darf? Schon alleine mal so ganz grundsätzliche Dinge, wie zum Beispiel in einem Hungergebiet geboren zu werden, ist ja schon gruselig.

Du redest jetzt von Gelsenkirchen?

Ich habe eher an Teile von Afrika gedacht.

Wo ist der Unterschied?

Mein Vater ist in Gelsenkirchen geboren.

Das tut mir leid.

?

Bestell liebe Grüße und gute Besserung.

Hör auf.

Schon gut. Gelsenkirchen hat ja schließlich auch einiges zu bieten...

Was denn?

Einen Fußball-Traditionsclub mit beinahe magischer Anziehungskraft. Und dann noch...

Ja?

Wie heißt nochmal die Pommesbude an der Castropper Strasse?

Da gibt es keine.

Ach so? Könnte es dann sein, dass ich schon in Bochum gelandet bin?

Du machst dich gerade unbeliebt.

Bei dir?

Eher bei VfL - Fans.

Stört mich nicht. Außerdem: Für einen guten Witz bin ich bereit, fast jedes Risiko einzugehen.

Auch das mit Afrika? Ich finde, Afrika ist nämlich ein umwerfend schöner Kontinent.

Fühlst du dich verpflichtet, das jetzt zu sagen?

Nein. Aber ich dachte auch, wir hätten vereinbart, nicht mehr über Schalke zu sprechen...

Du *hast das „vereinbart". Für dich selber. Ich bin aber auch noch da.*

Offensichtlich.

Na schön. Schalke, Gelsenkirchen, Afrika. Was machen wir jetzt daraus?

Das ist jetzt dein Ding. Schau mal, wie du da elegant wieder rauskommst...

Wir sind uns ja wohl einig, dass jedes Ding 2 Seiten hat. Mindestens. Und dass es jetzt dumm wäre, das zu vertiefen. Zumal ein jeder, eine jede, ihre eigenen Assoziationen mit bestimmten Begriffen hat. Und da wollen wir doch nicht vorgreifen, oder?

Der rosa Elefant steht im Raum, da kannst du machen, was du willst.

Gut. Dann sage ich jetzt, dass der „Liebe Gott" sich tatsächlich was dabei gedacht hat. Afrika hin oder her. Dass er dich in diese Familie, zu diesem Vater geschickt hat. Von dem nichts anderes zu erwarten war, als dass er irgendwann auf die Idee kommen wird, dich als kleinen, unschuldigen Jungen in ein bestimmtes, dir noch unbekanntes Stadion zu zerren. Obwohl er mutmaßlich wusste, welche Art von Trauma er bei dir erzeugen würde.

Das ist „Schicksal".

Stimmt. Das wäre allerdings schon alles an „Schicksal", was du in diesem Leben ertragen musst. Oder kannst. Oder solltest.

Du meinst, eine Art selbst gewähltes Schicksal gleich zu Anfang meines Lebens? Durch die Prägung meiner Umgebung? Und danach kann ich machen, was ich will?

Danach kannst du machen, was du willst. Und das erste, was du möglicherweise tun solltest, dir einen neuen Verein zu suchen...

Rot-Weiss Essen?

Warum bist du immer so fatalistisch?

Ich bin nicht fatalistisch, ich bin schlicht verzweifelt! Hast du mal auf die Tabelle geschaut?!

Erster Platz.

Ja, nach dem ersten Spieltag. Ich kann es selbst nicht glauben.

Na bitte. Es geschehen doch noch Wunder.

Scheinbar. Auf der anderen Seite ist es doch aber auch so, dass in bestimmten Konstellationen absehbar ist, worauf die ersten Jahre in einer Familie hinauslaufen? Ich meine, ich weiß doch dann, wie ich geprägt werde, und von was. Schließlich „kenne" ich doch meine Eltern, Geschwister und alle, die da noch rumlaufen, schon vorher. Da ist es doch keine Überraschung, wie es sich zunächst entwickeln wird...

Vielleicht nicht gleich zu Anfang. Hinterher aber schon. Wenn du als Kind schon etwas älter geworden bist, ergeben sich auf jeden Fall verschiedene Optionen, die du vorher nicht voraussehen kannst. So scharf dein Blick aus dem

„Himmel" auch ist. So statisch ist das Ganze dann eben nicht mehr. Denn trotz vorangegangener Prägung triffst du hier und da vielleicht ungewöhnliche Entscheidungen...

Mit denen ich selbst vorher gar nicht gerechnet hätte?

Genau. Das wird dann irgendwann so komplex und unübersichtlich, dass du nicht weißt, was am Lebensende herauskommt. Es kann sein, du bleibst vielleicht, entsprechend deiner Vergangenheit, angepasst, oder aber du brichst schon früh aus allen Konventionen aus. Oder, oder, oder...

Verstehe. Aber das hängt doch sicher auch mit meinem „Typ" zusammen, oder? Alle Menschen sind unterschiedlich, gehen mit objektiv gleichen Situationen teils völlig anders um.

Das ist so. Und deshalb suchst du dir ja auch eben eine ganz bestimmte Familienkonstellation heraus, weil du ja weißt, was für ein „Typ" du bist. Will heißen, es gibt dort in deiner Familie

*Dinge, die einen bestimmten „Reiz" in dir setzen,
damit du dich optimal entwickeln kannst.*

Was ist denn in deinen Augen eine „optimale
Entwicklung"?

Dass du „deinen Weg" findest. Dass du ihn gehst.

„Meinen" Weg?

*Deinen individuellen Weg, deinen einzigartigen
Weg, der nur für dich passend ist.*

Du meinst den Weg mit Pool, Lottogewinn,
schöner Frau?

*Das wäre dein Weg. Ein anderer hat einen ande-
ren.*

Das war Spaß.

*Ach ja? Ich denke, das war gar kein Spaß. Eher
Realität. Allerdings hast du für dich wesentliche
Dinge nicht erwähnt. 3 Punkte allein sind nicht
lebensfüllend. Zumindest nicht bei dir.*

Aber die 3 genannten passen für mich?

Aber sicher doch.

Ich gewinne im Lotto? Ich spiele gar kein Lotto...

Der Lottogewinn bezog sich auf deinen 3. Punkt.

Oh.

Aber können wir weitermachen?

Bitte...

*Du hattest ja nach der „optimalen Entwicklung"
gefragt...*

Hatte ich?

*Wenn du hier auf die Erde kommst, dann ziehst du
ja zunächst in deinen wachsenden Körper ein, im
Bauch deiner Mutter. Und das, was du hier mit
auf die Erde bringst, ist das, was viele Menschen
vielleicht als „Charakter" bezeichnen würden.
Ich meine, es wird in der Psychologie ja viel*

darüber diskutiert, was eigentlich die Einzigartigkeit eines Menschen ausmacht. Er ist, ganz offensichtlich, körperlich einzigartig, aber sicher auch im Geist.

Was dann vielleicht schwieriger zu begutachen ist?

Eigentlich ja nicht. Jeder Mensch hat einen anderen Habitus, eine sehr spezielle Art, sich zu geben. Und selbst Zwillinge, die sich sehr nahe sind, haben gewisse Eigenarten, die sie deutlich voneinander unterscheiden. Zumindest, wenn du genauer hinschaust.

Nur mal kurz: Zwillinge. Warum eigentlich Zwillinge? Wenn du sagst, dass deine Seele dich hierher schickt, um bestimmte Erfahrungen zu machen, dann ist doch die Frage, warum dann gleich zweimal, oder? Will jeder Zwilling die gleiche Erfahrung machen wie der andere? Weil sie ja unter genau den gleichen Umständen geboren werden...

Wie viele Fragen waren das jetzt genau?

Ich glaube drei.

Na schön. Ich wollte eigentlich erst später auf dieses Thema kommen, aber dir zuliebe: Bei Zwillingen ist die Konstellation so, dass deine Seele sich für dieses Leben ein solch großes Paket an „Sehnsüchten" zurechtgelegt hat, dass es unmöglich wäre, die von einem einzelnen Menschen erleben zu lassen. Du musst dir vorstellen, dass deine Seele ja jeweils ein gewisses Risiko eingeht, wenn sie einen Menschen auf die Erde schickt.

Ob die Landung klappt?

Eher ob das „danach" klappt. Das Älterwerden. Das Hineinkommen in dein Leben. Wenn du die Kindheit hinter dir gelassen hast, beginnt ja für viele der sogenannte „Ernst des Lebens".

Bei mir noch nicht...

Kann ich bestätigen. Und das bedeutet, zumindest bei allen anderen, so viel wie: Ich komme in Bereiche, in denen ich Entscheidungen treffen muss. Für mich. Für mich allein. Und dabei fällt mir vielleicht auf, dass immer, wenn ich mich entscheiden „muss", mehrere Optionen habe.

Sonst wäre es ja auch keine Entscheidung...

Völlig richtig. Und bei diesem Prozess fällt mir möglicherweise auch auf, dass jede Entscheidung zwei Seiten hat.

A und B? Gut oder Böse? Alles oder Nichts?

Die Eine: Eine Konsequenz. Die Andere: Auch eine Konsequenz. Und jetzt darfst du wieder...

Aber das sind ja zwei gleiche Punkte...

Ich bin ja auch noch nicht fertig. Diese beiden „Konsequenzen" unterscheiden sich nämlich fundamental...

Wie denn genau?

Die Erste: Ich entscheide nach meinem „Kopf", über meinen „Verstand".

Und die Zweite?

Sag mal selber?

Ich entscheide nach meinem „Herzen"?

Sehr gut.

Bienchen?

Später.

Ich dachte, das hätten wir bereits im ersten Buch behandelt?

Schon. Aber nicht so genau. Eher mal einen groben Überblick verschafft, alles etwas in einen Kontext gesetzt.

Was in welchen Kontext?

Na, wie es sich allgemein verhält mit dir, deiner Seele, dem „Lieben Gott" und so weiter. Du erinnerst dich?

Natürlich.

Und ich denke, es wäre sinnvoll, hier und da mal etwas tiefer zu graben...

Wenn ich jetzt im Sandkasten sitzen würde, wäre es perfekt.

Da wirst du noch genug Zeit verbringen. Im Augenblick sitzt du hier ganz gut.

Sandkasten?

Ruhe! Das große Problem beginnt üblicherweise damit, dass du als werdender Erwachsener zunehmend damit konfrontiert bist, das, was du dir am sehnlichsten gewünscht hast, in die Tat umzusetzen.

Du meinst Filme ab 18 zu schauen?

Seit wann warten Jugendliche damit, bis sie 18 sind?

Auch wieder war.

Viel interessanter und wichtiger wäre doch wohl: Welchen Beruf möchte ich erlernen? Wann ziehe ich zuhause aus? Wie gehe ich selbstverantwortlich mit meinem Körper um? Wie wirtschafte ich mit meinen Ressourcen im Allgemeinen? Und so weiter. Große und kleine Fragen, große und kleine Entscheidungen. Allerdings immer im Kontext stehend zu: Ist das, was ich für mich entscheide, wirklich wesentlich, oder ist es anerzogen, anerlernt und aufgeprägt?

Wie kann ich das feststellen?

Manchmal gar nicht. Oder erst hinterher. Manchmal auch sofort.

Ah ja. Gut das ich mich in diesem Fall nicht „entscheiden" muss...

Übersichtlich wäre es dann, wenn du schon als kleiner Knirps gelernt hättest, auf dein „Herz" zu hören, danach zu entscheiden. Dann wäre es, wenn du das so durchziehst, durchziehen kannst, kein Problem, auch als Erwachsener immer Entscheidungen zu treffen, die dich berühren, die

dich mit deinen Sehnsüchten in Verbindung brin-
gen. Selbst wenn das bedeuten würde, dass viele
Menschen in deinem Umfeld diese Entscheidun-
gen, deine Handlungsweisen nicht verstehen.

Ist es deshalb auch so schwer?

Du meinst, weil du oft entgegen der Erwartung
Anderer entscheidest?

Ja?

Ich denke schon. Das ist der eine Punkt. Der
„Äußere Widerstand", wenn du so willst. Der
Zweite ist sicherlich der „Innere Widerstand".
Und der ist immer so groß, wie du es nicht
gelernt hast, auf dein „Inneres" zu hören. Dann
kann sich der innere Widerstand so richtig schön
aufblähen. Und damit könntest du dann sagen:
Willkommen im Klub.

In wessen Klub?

In dem Klub, in dem die allermeisten Menschen
Mitglied sind.

Oh. Der wäre dann aber recht groß. Aber wie nennt er sich denn?

„Verein für Verstandesangelegenheiten".

Du hast das „e.V." dahinter vergessen.

Dieser spezielle Klub ist aber nicht gemeinnützig.

Ach so? Aber immerhin groß.

Ja, einen größeren Verein kenne ich derzeit nicht.

Das dürfte Ulli Hoeneß aber nicht gefallen.

Vielleicht. Gleichwohl er, wenn wir mal bei dieser Person bleiben wollen, ja auch nicht jemand zu sein scheint, der sich groß um das schert, was andere denken. Oder was andere denken könnten. Oder was andere über ihn denken könnten.

Sieht wohl so aus.

Ob das, was er da an Leben für sich zusammengebastelt hat, wirklich zu ihm passt, seinem

Wesen nach, ist eine andere Sache. Aber man kann nicht sagen, dass er in der Masse untergeht.

Nee. Aber dann wäre die Idealkonstellation die, dass das, was du machst, wirklich zu dir passt? Und es dich zeitgleich nicht interessiert, was dein Handeln bei anderen auslöst?

Das würde ich so sehen. Es ist ja ohnehin so, dass Wesentliches, was aus dir kommt, andere nicht selten in Aufruhr versetzt.

Warum genau.

Ist das nicht offensichtlich?

Ist es das?

Na, wenn wir davon ausgehen, dass die allermeisten Menschen nach ihrem Verstand entscheiden, dann ist jemand, der vielleicht nach seinem Herzen entscheidet, erst einmal verdächtig.

Ich weiß natürlich, was du meinst.

Jeder weiß das. Jeder kennt seine eigene Geschichte. Entscheide ich nach meinem „Herzen"? Oder entscheide ich nach dem geringsten Risiko?

Ja genau.

Und du überlegst doch bei wichtigen Entscheidungen immer, welche Konsequenzen sie haben, oder?

Ich denke schon. Oder war das jetzt eine Fangfrage?

Nein gar nicht.

Dann würde ich schon sagen, dass das so ist.

Denke ich auch. Es macht natürlich einen Unterschied, ob es jetzt gerade darum geht, abends auf deiner Couch eine Chipstüte zu verdrücken, oder es alternativ sein zu lassen. Oder aber mir vielleicht einen neuen Beruf zu suchen...

Bei der Chipstüte würde ich gar nicht überlegen.

Ich dachte, du isst keine Chips.

Na eben.

Ach so. Aber bei der Berufswahl sähe die Sache schon anders aus?

Natürlich.

Und wie würdest du da vorgehen? Welche Fragen würdest du dir stellen?

Na solche nach den Konsequenzen. Was eine Veränderung wohl bewirken würde.

Und was würde sie bewirken?

Das weiß ich eben nicht so genau. Ich könnte mich aber an die Sache herantasten...

Und wie machst du das rein praktisch?

Ich versuche die Auswirkungen irgendwie... keine Ahnung. Wie soll ich es formulieren?

Du versuchst, das ganze „logisch" aufzubauen, oder?

Vermutlich.

Wenn ich dieses mache, dann folgt das. Und wenn das erfolgt ist, dann erfolgt daraufhin jenes. Und am Ende ist das Ergebnis dieses, solches und jenes. So ungefähr?

Irgendwie so.

Und woher hast du die Information, was auf was folgt? Fantasieübung?

Nein, eher Logik.

Ja, aber welche? Denkst du, alle Menschen haben die gleiche Logik? Denkst du, wenn du 10 Leute in einer gleichen Ausgangslage hast, du am Ende der jeweiligen Logikkette auf 10 gleiche Ergebnisse kommst?

Vermutlich nicht.

Und warum denkst du, dass das, was du da als „Logik" bezeichnest, eine gute oder gar eindeutige Trefferquote ergibt? Hinsichtlich einer guten Entscheidung?

Das denke ich gar nicht.

Aber? Warum gehst du dann so vor?

Weil ich keine andere Idee habe?

Das frage ich dich! Hast du keine andere Idee?

Scheinbar nicht. Aber ich weiß ja, auf was du hinaus willst.

Schlaues Kerlchen. Dann sag doch mal, auf was ich angeblich hinaus will...

Die „Stimme des Herzens"?

Ah ja. Da war ja was. Und was verstehst du darunter?

Also, ich müsste da aus dem ersten Buch zitieren.

Dann mach doch...

Ich glaube es war so formuliert, dass die „Stimme des Herzens" mir immer, zu jeder Zeit, unter allen Umständen, die genau passenden Hinweise für mein Leben gibt. Irgendwie so. Richtig?

Stimmt schon.

Und?

Wenn du das doch weißt, warum hörst du denn dann nicht auf diese „Stimme"?

Keine Ahnung. In meinem Fall würde ich sagen, weil ich sie nicht hören kann.

Nicht?

Nein, ich glaube nicht. Oder nur bruchstückhaft. Oder vielleicht sogar gar nicht? Ich weiß nicht. Und woher soll ich denn auch wissen, dass das, was ich da angeblich höre, diese „Stimme" ist?

Das große Problem aus meiner Sicht ist ja, dass wir Menschen zwei „Stimmen" in uns haben. Die eine sagt uns, was geschickt wäre zu tun, damit wir „überleben". Und die andere ist die, die uns sagt, was geschickt wäre zu tun, damit wir „sinnvoll" leben können. Und diese beiden Stimmen könnten eben unterschiedlicher nicht sein.

?

Wenn du, beispielsweise, einen Haufen Kinder hast. In einem Dorf auf dem Land. Dann hecken die vielleicht irgendwas aus. Irgendeiner sagt: „Ich kenne da einen Teich, mitten im Wald. Der ist ein gutes Stück weg, aber da könnten wir ungestört spielen, machen, was wir wollen." Dann ist allen klar: Der Teich ist weit weg, wir würden niemals die Erlaubnis unserer Eltern bekommen, da hinzugehen. Was würde nun ein logisch animiertes Kind sagen?

Das es gefährlich ist? So ziemlich in jeder Beziehung?

So ungefähr. Die Entscheidung, da hinzugehen, hätte desaströse Folgen: Keifende Eltern, weil sie werden es erfahren. Dann könnten sie vielleicht alle absaufen, die meisten von ihnen können nämlich noch gar nicht schwimmen. Und dann ihre Klamotten! Sie werden verheerend aussehen...

Grasflecken!!

Darüber hinaus könnten sie vielleicht noch von den Älteren im Dorf abgefangen werden, Hunger bekommen, aber nichts zu Essen haben. Und vielleicht finden sie schließlich nicht wieder zurück, und nach Einbruch der Dunkelheit kommt die Polizei sie suchen. Jede Menge Ärger, Strafen, Hausarrest und so weiter.

Hausarrest ist keine Strafe mehr...

Wie auch immer: Das ganze Ding endet im Chaos. Ein Fiasko.

Ja wahrscheinlich. Dann lieber nicht.

Richtig. Aus Erwachsenensicht. Nun ist es ja so, in der Praxis, dass Kinder sich gewöhnlich nicht scheren, über all diese Dinge. Und warum tun sie es nicht?

Weil sie eben unverantwortlich sind!

Richtig. Oder präziser ausgedrückt: Es geht ihnen am Hintern vorbei. Und warum tut es das? Weil sie die Folgen nicht überblicken können. Sie haben ganz einfach keine „Daten" für eine mögliche Logikkette. Und damit sind sie aus dem Schneider. Die einzigen Daten, die ihnen zur Verfügung stehen, sind: Abenteuer!! Und das macht sie so anfällig für die „Stimme des Herzens". Das ist nämlich die einzige, die sie „hören" können.

Glückliche Kinder. Und wie weiter?

Chaotisch. Sie ziehen direkt los, kämpfen sich durch Gestrüpp, reißen sich die Arme auf, machen weiter, finden diesen Teich, finden irgendwelche umgefallenen Baumstämme, zerren sie ins Wasser und alle hocken sich drauf. Dann stehen alle hüfthoch in der grünen Suppe, kämpfen gegeneinander um die Vorherrschaft auf den Sieben Weltmeeren. Und irgendwann machen sie sich Arm in Arm, Freund und Feind, wieder auf in Richtung Heimat, finden tatsächlich nach Hause, verabreden sich gleich wieder für den nächsten Tag, weil die Schlacht ja noch nicht zu Ende war. Gehen dann nach Hause, feuern ihre nassen Klamotten in den Flur und machen sich ausgehungert über sämtliche Tiefkühlpizzen her, die sie finden können. Und wenn ihre Eltern noch nicht da sein sollten, pennen sie entweder noch am Essenstisch erschöpft über den Pizzaresten ein, oder schaffen es tatsächlich noch ins Bett, natürlich ungewaschen und ohne Zähneputzen.

Ein Fiasko.

Stimmt. Zumindest für die Eltern. Die die Spur der Verwüstung auf den üblicherweise weiß blitzenden Bodenfliesen, über die Küche hinweg bis ins Kinderzimmer nachverfolgen können.

Immerhin kann man nicht behaupten, dass die Kinder so durchtrieben wären, ihre Spuren zu verwischen...

Nein. Da sind sie wohl eher arglos. Und was machst du dann als zuständiger Elternkommissar?

Keine Ahnung. Die Augen zu? Lasse alles, wie es ist? Mache auf den Schrecken ein Bier auf? Und bestelle die Oma für den nächsten Tag zu einem Überraschungsbesuch? Die kann es erfahrungsgemäß nicht sehen, dass irgendwas rumliegt...

Das wäre jetzt deine ganz persönliche Erfahrung?

Scheint so.

Die Idee ist aber gar nicht so schlecht. Auch wenn sie wiederum einer gewissen „Logik" entspringt.

Ich könnte das wohl nicht als „Stimme meines Herzens" verkaufen?

Vermutlich nicht. Aber was sagst du zu dem Ganzen? Passt das so einigermaßen?

Vermutlich ja. Aber die Frage wäre ja immer noch: Wie kann ich denn diese „Stimme" hören?

Gute Frage. Doch ich würde zunächst eine andere Frage in den Raum stellen wollen: Warum sollte ich überhaupt einer solch versteckten, unbekannten und möglicherweise sehr obskuren „Stimme" meine Aufmerksamkeit schenken? Selbst dann, wenn ich es könnte? Warum sollte ich sie denn für wichtig und voll nehmen?

Hast du das nicht schon erklärt?

Wie?

Na, du sagtest doch, dass die Stimme geeignet wäre, dass ich sinnvoll leben kann. So ungefähr?

Deine Wortwahl und Satzbau ist mal wieder zu bewundern. Du könntest dir schon etwas mehr Mühe geben...

Meine „Stimme meines Herzens" hat gerade dazu gesagt, dass das nicht wichtig für mich ist.

Und weißt du, was meine *„Stimme des Herzens"* *gerade dazu gesagt hat?*

Interessiert mich nicht.

Dass du nicht deiner „Stimme des Herzens" gelauscht hast, sondern die deiner „Faulheit". Und die wiederum entspringt der „Stimme des Verstandes", die dir nämlich sagen möchte, dass du lieber Energie sparen solltest, anstatt dir über Satzbau und Ähnliches Gedanken zu machen.

Ach so?

Und weißt du, was sie noch gesagt hat?

Ich will es nicht wissen.

Dass dieses ganze Buch Quatsch ist, jegliche Mühe, die du aufwendest, verschwendete Zeit. Dass du dir lieber mal eine Anstellung suchen solltest, irgendwas mit Krankenversicherung. Sonst bist du bald pleite...

Das ist doch Unsinn.

Warum?

Ich bin *jetzt* schon pleite.

Na siehst du. Umso dringlicher ist dann doch die Logikkette einzuhalten: Kein Geld? Dann Job, dann Geld, dann alles wieder gut.

So ist es. Ist nicht von der Hand zu weisen.

Natürlich nicht. Aber was sagt denn die „Stimme deines Herzens" wirklich zu all dem? Was sagt dir der Teil in dir, der immer Kind geblieben ist? Lieber Abenteuer am Teich, oder vernünftig sein, und deinen Eltern keinen Kummer bereiten?

Fangfrage.

Nein. Eine Frage zwischen Leben und Tod.

Übertreib mal nicht...

Was haben wir festgestellt, passiert, wenn du etwas tust, was deinem „Inneren Wesen" widerspricht?

Du meinst die „Energienummer"?

Ja?

Dass ich keine „Energie" bekomme, sobald ich etwas mache, was nicht mit meinem „Wesen" vereinbar ist?

Ja genau.

Dass ich dann Energie verliere. Zumindest hast du das behauptet...

Und? Habe ich Recht?

Schwer zu sagen.

Ach ja? Hast du nicht schon mal etwas gemacht, vielleicht über einen längeren Zeitraum, was dir offensichtlich nicht entsprochen hat?

Du meinst mich?

Ja dich!

Ja. Ich habe da tatsächlich Energie verloren.

Harmlos ausgedrückt. Genauer betrachtet: Du bist „depressiv" geworden. Und nicht deshalb, weil deine Gene vielleicht eigenwillig angeordnet sind, sondern du schlicht und ergreifend über einen längeren Zeitraum etwas gemacht hast, was nicht zu dir passte. Und das wiederum hat dir einen schleichenden Energieverlust beschert. Und das wiederum hat dich in einen Zustand gebracht, in dem du irgendwann das Gefühl hattest, dass alles Leben aus dir gewichen ist. Nicht weil du verhext warst, sondern weil deine Wahrnehmung zusammengebrochen ist.

Wahrnehmung?

Wann kannst du Dinge, egal was, überhaupt nur wahrnehmen?

Du meinst, wenn ich meine Aufmerksamkeit auf sie richte?

Genau. Und wann kannst du das nur?

Ich verstehe nicht...

Was braucht es, um Dinge, Menschen oder was auch immer „wahrzunehmen"?

Habe ich doch schon gesagt...

Es braucht „Energie"!

Energie? Stimmt. Da war ja was...

Ja. Wahrnehmung braucht Energie. Du brauchst Energie, um Dinge wahrzunehmen. Und wenn du nur sehr wenig Energie hast, kannst du eben die Dinge um dich herum auch nur noch sehr eingeschränkt wahrnehmen.

Und wie hängt das mit der Depression zusammen?

Wenn du viel Energie hast, kannst du auch viel und detailliert wahrnehmen. Und du hast damit gleichzeitig die Fähigkeit, dir die Dinge zu wählen, die du wahrnehmen willst. Eben Entscheidungen zu treffen. Und natürlich machst du es so, dass du Dinge wählst, die dich „freuen". Du richtest deine Aufmerksamkeit auf Menschen, auf Situationen, die dir ein gutes Gefühl geben. Die vereinfacht gesagt mit deinem Wesen in Resonanz gehen. Und wenn du nur noch sehr wenig Energie hast, verengt sich deine Wahrnehmung immens. Und jetzt die große Fachfrage an den werdenden Fachmann: Was denkst du, bestimmt in diesem Fall die Inhalte für den Rest deiner Wahrnehmung?

Meine Prägungen aus meiner Vergangenheit?

Bingo. Ich könnte auch anders sagen: Deine „Ängste".

Wieso jetzt die? Ist das nicht zu sehr vereinfacht?

Meistens nicht. Die meisten Menschen erleben ihre Umwelt aus Kindertagen in einem Kontext der Angst.

So schlimm? Ich denke, das ist übertrieben...

Denke ich nicht. Wir hatten ja erwähnt, dass du als Kind in ein bestimmtes Umfeld hineingeboren wirst. So weit waren wir ja schon. Und entsprechend dem, was unsere Eltern über ihr eigenes Leben denken oder dachten, übernahmen wir die gleichen Ideen. Filterlos sozusagen. Und diese Informationen schlummern in unserem Unterbewusstsein. Jetzt werden wir aber nicht nur durch unsere Eltern direkt beeinflusst, auch der spezielle Ort und der Zeitgeist, wo und wann wir geboren werden, beeinflusst uns. Also jetzt mal Deutschland hergenommen, bedeutet das, dass die „Vergangenheit" dieses Landes einen erheblichen Einfluss auf das hat, was wir als „Deutsche" so denken, fühlen, wie wir tendenziell handeln und so weiter. Die gemachten Massenerfahrungen, und jeder weiß, welche das in diesem speziellen Fall so waren, beeinflussen uns mehr, als wir denken. Es fällt uns selber nur nicht so auf, anderen aber schon.

Welche anderen?

Na Menschen aus anderen Ländern. Die haben natürlich auch ihre speziellen Prägungen, aber eben nicht die der „Deutschen". Und da wundert sich der eine oder andere schon, über was sich der durchschnittliche Deutsche so alles sorgt...

„German Angst"?

Wie auch immer. Aber wenn ich davon ausgehe, dass in diesem Land einer der höchsten Lebensstandards herrscht, weltweit, dann könnte es doch wundern, über was sich dort so alles „gesorgt" wird.

Und was hat das jetzt mit meiner Depression zu tun?

Wenn Energie fehlt, dann ist die „Angst" Ratgeber Nummer eins. Nicht weil sie so vortrefflich geeignet wäre, mir aus der Patsche zu helfen, sondern weil sie alternativlos ist. Um gute Gefühle aufzubauen, fehlt mir die Energie. Jedenfalls aus Sicht des Depressiven. Ich könnte auch sagen des „Energielosen". Das ist eins.

?

Wenn du dir vorstellst, dass eine offene Wahrnehmung alles um dich herum „sieht", dann wäre es so, als ob du dir einen Trichter vor deine Augen hältst. Du durch diesen Trichter nur einen ganz eingeschränkten Teil der Wirklichkeit sehen kannst. Und dass dieser Trichter gleichzeitig kaum Licht einfallen lässt. Du siehst wenig und du siehst dunkel.

Und dann? Ich meine, ich habe es ja schließlich auch geschafft, da wieder raus zu kommen...

Ja, das stimmt.

Und wie gehe ich dann vor? Bestenfalls?

Bestenfalls oder Leichtenfalls?

Was meinst du?

Du kannst das Ganze aus 2 Richtungen angehen.

Welche wären das?

Die Erste: Du lässt dich direkt einweisen, frisst Pillen und machst Therapie. Die Zweite: Du verstehst, was abgeht. Dein Zustand ist der, der Energielosigkeit. Du hast keinen Knall, bist nicht minderwertig oder ein Trottel, du hast schlicht und ergreifend einfach keine oder kaum Energie. Manche haben ja tatsächlich so wenig, dass sie nicht aus dem Bett kommen...

Das ist abartig.

Allerdings. Das will niemand. Aber wenn es doch mal so ist, dann könntest du dir sagen: „Scheiße, irgendwo habe ich scheinbar nicht aufgepasst. Irgendwas oder irgendwer hat mir meine Energie „geklaut". Oder ich habe sie freiwillig mit irgendeinem Schwachsinn verpulvert. Mist. Aber es nützt ja nichts, passiert ist passiert. Die Frage wäre nur, wie komme ich da wieder raus?"

Das ist wohl die Königsfrage...

Sehr sicher. Aber manchmal hilft es auch, diese spezielle „Erkenntnis" alleine schon mal kurz auszuhalten...

Warum?

Wenn ich mir das eingestehe, dass ich keine Energie mehr habe, dann ist das der erste, und wenn nicht der wichtigste Schritt.

Warum?

Weil ich mich von meiner „Stimme der Vernunft" trenne...

Warum? Bin ich etwa unvernünftig, wenn ich mir das eingestehe?

Sicher.

?

Die „Stimme der Vernunft" hat mich so vorzüglich beraten, dass ich genau in diesem Zustand bin, in dem ich sicherlich nie sein wollte. Oder von dem ich gar nicht wusste, dass er überhaupt existieren kann. Vielleicht bin ich ja sogar einer von der Sorte, die sich immer schon mal über Menschen amüsiert haben, die „angeblich" eine

Depression hatten. Nach dem Motto: Einbildung ist auch eine Bildung.

Ja, so ungefähr.

Aber an diesem Punkt siehst du gar nichts mehr. Nur Dunkelheit. Und nicht einmal eine, die dir Hoffnung macht. Dein Leben ist gefühlt zu Ende.

Das ist so. Zumindest was das Gefühl betrifft.

Und wenn mir aber vielleicht langsam klar wird, möglicherweise nachdem ich mich mal richtig ausgeheult habe, dass meine angebliche „Vernunft", mein „Verstand" mich in diese beschissene Situation gebracht hat, dann wäre es doch wohl naheliegend, dass mich diese „Stimme" nicht retten kann und wird.

Moment mal: Aber ist es denn immer die sogenannte „Stimme des Verstandes", die mich in eine solche Situation bringt? Kann man das so pauschal sagen?

Ja.

Und warum?

Weil es logisch ist. Denn wenn du auf die „Stimme des Herzens" gehört hättest, hättest du keinen Energieverlust erlitten. Sie hätte dich geleitet zu all deinen wesentlichen Dingen, die dir dann automatisch „Freude" gebracht hätten. Und „Freude" als Ergebnis wesentlichen Handelns der größte Energielieferant überhaupt ist. Und dann wäre es sogar so gewesen, dass du in dem Fall dein Energieniveau kontinuierlich noch gesteigert hättest.

Schon gut. Macht Sinn. Aber nur kurz: Du wolltest noch sagen, wie lange die Energie eines Menschen reicht, der hier auf der Erde ist. Du erinnerst dich? Das erste Buch...

Stimmt, du wolltest das wissen. Ich habe aber nicht gesagt, dass ich das auch beantworten wollte...

Ich dachte doch. Aber kannst du?

Jetzt nicht. Später. Erinnere mich...

Auf jeden Fall.

Also dein „Verstand" hat dir vielleicht in der Vergangenheit geflüstert, dass alles, was du im Leben tun solltest, in irgendeiner Form „sicher" sein muss. Was ist das Gegenteil von „Sicher"?

Unsicher?

„Abenteuer". Und warum will der Verstand kein Abenteuer?

Zu anstrengend?

Möglicherweise. Zu unübersichtlich, nicht planbar, gefährlich. Verliere ich zu viel Energie dabei, dann sterbe ich.

Ist ja auch so.

Natürlich. Aber wann bekommt der Mensch überhaupt nur Energie?

Wenn er gemäß seinem Wesen lebt?

Richtig. Und wie ist dieses seltsame, unbekannte „Wesen" aufgebaut?

Sag es mir bitte noch einmal...

Es ist so aufgebaut, dass es auf alles reagiert, was in ihm verankert ist. Und das dort verankerte entspricht dem Herzenswunsch deiner Seele. Und somit letztlich auch dir, weil du ja aus diesem Bereich kommst und praktisch deine ganze Lebensenergie von daher stammt.

Ausschließlich?

Ja. Es sei denn du „klaust" einem anderen Menschen Energie. Der ja meistens eine andere „Seelenheimat" hat. Dann „ernährst" du dich im Grunde von „fremder" Energie, die dir aber nicht bleiben wird...

Hä?

Später. Wichtig ist nur zu erkennen, dass du bei deiner Geburt und den Monaten danach erst einmal andere „Probleme" hast, als über deine

Lebensabsicht nachzudenken. Da stehen andere Dinge im Vordergrund.

Meine Windel ist voll. Bitte wechseln!

Und viele andere Dinge mehr. Wie dem auch sei: Die Absicht deiner Seele, dass du hier nicht auf Urlaub bist, sondern einen ganz speziellen Plan erfüllen sollst, existiert ja weiterhin. Schlummert sozusagen im Verborgenen. In Form von Sehnsüchten. Und je älter du wirst, je mehr wird dir klar, dass in dieser Welt eine enorme Zahl an Dingen existieren, die es zu entdecken gibt. Und dem geben sich Kinder ja meistens auch kompromisslos hin. Zumindest wenn du sie lässt. Dann kommt aber eine Zeit, die ich ja bereits schon zu Anfang erwähnt habe, wo ich mehr und mehr meine eigenen Entscheidungen zu treffen habe. Ich werde langsam selbstständig. Und spätestens hier sollte ich mich erinnern, welchen „Auftrag" ich übernommen habe.

Leichtsinnigerweise...

Wie auch immer. Ich habe ein umfassendes „Paket" bei mir. Das mir sagt, wer ich in diesem Leben sein will, welches Erfahrungen ich hier machen möchte, welche Sehnsüchte ich in mir trage, was ich wann, zu welcher Zeit in meinem Leben erleben möchte. Alles sinnvoll aufeinander abgestimmt. Ein echter Plan.

Aber als Beamter in einer dunklen Schreibstube meiner Arbeit nachzugehen, ist doch auch ein Plan, oder?

So ein Plan riecht verdächtig nach einer anderen Herkunft.

Na schön. Vergiss es.

Wenn du diesen liebevollen Plan in dir spürst, dann ist das so, als ob eine ebenso liebevolle Stimme zu dir spricht: „Gehe da hin, da wirst du glücklich", „Verbinde dich mit diesem Menschen, dann ist alles gut", „Der nächste Schritt ist die Kündigung."

Das klingt eher wie die Stimme eines Majors...

Empfindest du das so?

Na, sie sagt mir nicht, *warum* ich das tun soll. Ich meine, warum ich das genau so machen soll.

Üblicherweise tatsächlich nicht.

Aber warum? Weil wenn, dann könnte ich es besser nachvollziehen. Wäre vielleicht mehr auf ihrer Seite...

Ja schon. Das Problem aber ist, dass du es in den allermeisten Fällen ohnehin nicht nachvollziehen könntest.

Warum? Bin ich zu dämlich?

Das bist du nicht. Aber solange du als der, der üblicherweise denkt und danach handelt, es nicht umreißen kann, warum dir diese „Stimme" das sagt, dann tappst du halt im Dunklen. Wenn du ganz oder teilweise verbunden wärest mit einer tieferen Art der Wahrnehmung, dann könntest du diesen Rat möglicherweise auch eher nachvoll-ziehen.

Dann gibt diese „Stimme" sozusagen ihrem „Feind", dem denkenden Menschen, einen Rat?

Das tut sie. Sofern er sie denn hört. Und ein „denkender Mensch" wäre hier auch nicht das große Problem. Wenn er einfach nur ausreichend Vertrauen in diese Stimme hätte. Ich rede hier eher von „nachdenkenden" Menschen, die üblicherweise kaum Vertrauen haben. Nicht in sich, nicht in die Stimme, nicht in das Leben im Allgemeinen.

Wie sehen die das Leben?

Als ihren Feind. Dem sie etwas abtrotzen müssen. Der Natur, anderen Menschen und sich selber...

Sich selber?

Sie beuten sich selber aus. Spätestens dann, wenn andere Menschen nicht mehr auf sie hereinfallen. Nicht mehr als Energielieferanten in Frage kommen. Dann fangen sie an, auch noch die Reste ihres eigenen Energievorrates zu verbrauchen. Und das war`s dann...

Wie lange hält denn so ein „Energievorrat"?

Du kannst es nicht abwarten oder? Wir springen thematisch ohnehin schon von hier nach da...

Geht doch ganz schnell...

Ungefähr 40 Jahre.

Nur so viel?

Ja.

Aber es gibt Menschen, die sind schon...

...älter, ich weiß. Und andere sterben wesentlich früher. Ich weiß. Aber es ist so. Das, was dir an Energiemenge für ein Leben hierher mitgegeben wird, reicht für ca. 40 Jahre. Und wenn du es versäumt hast, diesen „Speicher" beizeiten immer wieder zu füllen, dann alterst du ab dem 40. Lebensjahr radikal.

Dann sollte ich zusehen, dass ich möglichst früh beginne, mein Energieniveau zu erhöhen?

Das solltest du. Wir werden dieses Thema sicher nochmal beleuchten, bitte aber nochmal zurück zur scheinbaren Unvereinbarkeit zwischen den beiden „Stimmen". Und vielleicht noch einmal um es klar zu machen: Die „Stimme der Vernunft" bezieht ihre Informationen aus dem Bereich vergangener Erfahrungen. Woher kommen diese Erfahrungen? Selten von mir selber, einen ganz überwältigenden Anteil von diesen Erfahrungen habe ich gar nicht selber gemacht, sie stammen von anderen Menschen, die diese Erfahrungen gemacht haben. Und ich habe sie nur filterlos übernommen, zu einer Zeit, als ich von Tuten und Blasen keine Ahnung hatte. Jetzt meint diese „Stimme" aber so clever zu sein, dass sie es nur sein kann, die weiß, was wem folgt, die weiß, was gut für mich ist. Weil sie ja so einen immensen Erfahrungsschatz angehäuft hat. Ihr fällt dabei allerdings gar nicht auf, dass dieser „Schatz" inhaltlich einerseits ein Haufen Müll ist, gleichzeitig aber auch noch verschwindend klein. Im Vergleich zu dem, was in Qualität und Quantität tatsächlich existiert. Meine „Erfahrungen" sind nur ein winzig kleiner Ausschnitt dessen, was ich in der Welt tatsächlich erleben

und erfahren kann. Und weil ihr das nicht auf-
fällt, lässt sie auch andere Meinungen, andere
Möglichkeiten, nicht gelten. Denn das, was sie
schließlich „erlebt" hat, hat eine absolute Gül-
tigkeit. Nur mal kurz: Deshalb ist es auch so
wichtig, dass kleine Kinder in einem Umfeld groß
werden, indem sie eine möglichst breite Fülle an
Eindrücken und Impulsen haben. Um eben mög-
lichst differenzierte Erfahrungen machen zu
können. Damit sie später nicht in die Scheuklap-
penfalle tappen.

Mein Rat an dieser Stelle: Frühzeitig aussetzen!
Babyklappe. Mit einem Zettel: „Bei uns hätte es
dir sowieso nicht gefallen..."

Du wieder. Das sagt der Richtige. Der immer die
Hosen voll hat, wenn es um Veränderungen
geht...

Das würde ich so nicht formulieren wollen...

Dachte ich mir. Aber es ist schon so: Je enger
und absoluter der Erfahrungshorizont schon in
der Kindheit war, je mehr „Macht" kann diese

„Stimme" über mich haben. Und je anfälliger wirst du, wenn es um „Ängste" geht. Und wenn dann die „Stimme des Herzens" dir während deines Italienurlaubes beispielsweise sagen würde: „Schau, jetzt sind wir einmal in Italien. Wir fahren einfach nicht mehr nach Hause! Ruf an, es soll sich jemand um alles kümmern. Wir bleiben!" Dann sagst du ihr vielleicht, dass sie sich mal überlegen sollte, was für ein Aufwand das ist, nach Italien zu ziehen. Und aus dem Stegreif schon mal gar nicht! Und die „Stimme des Verstandes" würde schnell noch ergänzen, dass Urlaub machen und Herziehen zwei völlig verschiedene Dinge sind. Außerdem hat der Wellensittich zu Hause einen schlimmen Schnupfen, du hast noch Fußballkarten und was überhaupt das Schlimmste ist: Es steht noch eine halbvolle Flasche Bier im Kühlschrank! Du musst wieder zurück!

Kann ich voll verstehen. Da muss man der Realität ins Auge schauen. Da würde mein Herz auch bluten...

Na, ich weiß nicht, was genau da bei dir bluten würde, aber dein „Herz" ist definitiv für andere Dinge zuständig.

Dann würde mir meine „Stimme" eben sagen, dass es in Thüringen auch ganz schön ist.

Hat sie ja sogar recht. Nur geht es nicht darum, was möglicherweise für Thüringen spricht, eher darum, was für Italien spricht.

Und was wäre das?

Das kann ich dir nicht sagen.

Weil du es nicht weißt?

Weil es nicht wichtig ist.

Mir schon.

Verstehe ich natürlich. Aber Gesetz dem Falle, deine „Stimme" würde dir das so sagen, dann kannst du davon ausgehen, dass es wichtig ist.

Und warum soll ich davon ausgehen können?

Welchen Unterschied gibt es so ganz grundsätzlich zwischen den beiden „Stimmen"?

Die Lautstärke?

Das sogar auch. Die eine ist nämlich liebevoll leise, die andere wettert, brummt, keift, droht. Und manchmal, wenn gar nichts hilft, fängt sie sogar an, Süßholz zu raspeln...

Na bitte. Und ich höre schon länger nicht mehr so gut. Dann habe ich eh keine andere Wahl...

Du hörst nicht, weil du nicht hören willst. Aber das ist eine ganz andere Sache. Hier ist der Unterschied ganz einfach: Die „Stimme des Verstandes" hat in ihrem Portfolio die gesammelten Erfahrungsschätze der „Vergangenheit". Und die „Stimme des Herzens" hat in ihrem Portfolio die gesamte Summe an Möglichkeiten der „Gegenwart und Zukunft".

Wen schert die Zukunft?

Sie sollte dich *scheren. Zumindest dann, wenn du ein Leben leben willst, was ansatzweise Sinn macht.*

Und wenn ich das gar nicht will?

Dann kannst du auch gleich abtreten. Dann musst du auch nicht die kostbare Energie deiner Seele verbraten.

Mir doch egal.

Das kleine, bockige Kind! Ich dachte, wir wären schon ein Stückchen weiter...

Das war Spaß. Und ehrlich gesagt: Mir war eben ganz komisch, als ich das so gesagt, gedacht und geschrieben habe. Das ist mir fast im Halse stecken geblieben...

Ich weiß.

Woher kommt das? Ich meinte das tatsächlich als „gespielte" Provokation.

Ob „gespielt" oder nicht, der Effekt ist der Gleiche. Er erzeugt Gefühle, eine Wirkung. Auch wenn du es nicht wirklich ernst gemeint hast. Alleine ein kurzer Gedanke an einen „Rückschritt", an eine Verweigerung, nach vorne zu gehen, erzeugt schon dieses abartige Gefühl in dir. Weil es für dich nur noch eine Richtung gibt.

Wie meinst du das?

Wenn du einmal eine Entscheidung im Leben getroffen hast, die eindeutig und unwiderruflich ist, dann löst alles, was energetisch nicht zu dieser Entscheidung passend ist, eine Art Panik, eine vielleicht diffuse Angst aus. Wie Selbstbetrug. Und das ist eben bei dir passiert.

Von welcher Entscheidung sprichst du?

Die, ins Leben zu gehen.

Aber ich bin doch am leben. Und habe auch nicht vor, daran etwas zu verändern.

Nein, das ist richtig. Allerdings gibt es einen Unterschied zwischen: „Am Leben teilnehmen" und „in das Leben zu gehen".

Welcher wäre das?

Du nimmst schon dann am Leben teil, wenn du am leben bist. Das heißt, wenn du noch in der Phase bist, dich auszuprobieren, mal diesen Schritt zu gehen, mal jenen, du „spielst" noch mit deinem Leben. Sammelst Erfahrungen, die mal wesentlich sind, manchmal nicht. Bis du vielleicht irgendwann zu einem Punkt kommst, an dem du weißt, du musst eine Entscheidung treffen. Entweder für das „Leben" oder für den „Tod".

Wie im ersten Buch?

Ja. Das hatten wir dort kurz erwähnt.

Aber wer trifft denn eine Entscheidung für seinen eigenen „Tod"?

Die Allermeisten.

Aber warum?

Teils, weil sie gar nichts anderes wollen, sie sozusagen keinen anderen „Auftrag" haben, teils aber auch aus Unwissenheit oder Ignoranz.

Was geht in der ersten Gruppe ab?

Herrje, jetzt kommen wir wieder einmal aus jeglicher Ordnung...

Nicht meine Schuld.

Du hast doch gefragt.

Es war logisch, dass ich frage.

Schon gut. Es ist jetzt eh egal. Was für ein Chaos.

Nicht Chaos, Abenteuer! Sei mal mehr wie ein Kind...

Es reicht schon, wenn wir hier ein Kind durchschleusen müssen.

Damit bin aber nicht ich gemeint, oder?

Wie viele Beteiligte hat das Buch?

Zwei. Vermute ich.

Na also. Und ich *bin es nicht.*

Ich finde den Begriff „Kind" für mich gar nicht mal so unpassend...

Ach, auf einmal?

Dann kann ich wenigstens machen, was ich will!

Machst du doch sowieso. Darf ich jetzt weiter-machen?

Natürlich.

Die Menschen, die von ihrer Seele den „Auftrag" bekommen haben, hier auf der Erde, ihre Erfahrungen zu sammeln und danach zurückzu-kehren, unterscheiden sich fundamental von der zweiten Gruppe...

Was heißt denn „zurückkehren"?

Dass sie zu gegebener Zeit sterben.

Aber wann ist die Zeit denn „gegeben"? Und sterben müssen doch alle, oder?

Das kommt darauf an.

Auf was genau?

Was du unter „sterben" verstehst. Üblicherweise stirbt ein Mensch, wenn er keine Energie mehr hat.

Logisch. Aber das gilt doch für alle, oder?

Sicher. Ein Mensch, der keine Energie mehr hat, hat meistens auch nicht übermäßig viel zu der ursprünglichen Absicht seiner Seele beigetragen. Die hier ja bestimmte Erfahrungen machen wollte. Einfach logisch begründet - weil, hätte er wesentlich gelebt, am Ende seines Lebens eher viel Energie haben sollte.

Verstehe. Aber wenn du viel Energie hast, stirbst du dann trotzdem?

Was für eine Frage! Jeder stirbt irgendwann, oder?

Vermutlich.

Oder hoffst du auf „Ewiges Leben"?

Nicht in meinem Körper.

Warum? Aktuell unzufrieden?

Nein, aber irgendwann bestimmt. Also vielleicht hinsichtlich seiner Beweglichkeit. Oder was weiß ich.

Verstehe. Sicher streifen wir das Thema nochmal, aber dass dein Körper irgendwann zerfällt, wie der eines jeden, einer jeden anderen, ist ziemlich klar. Die Frage wäre nur, was passiert danach...

Wiedersehensparty? „Mecker" von der Seele, dass ich so einen Blödsinn verzapft habe?

Die Seele ist immer liebevoll.

Also liebevolles Gemeckere?

Wenn du so willst. In jedem Fall aber wirst du auf die eine oder andere Art darauf hingewiesen, wer du ursprünglich eigentlich warst, was du in deinem konkreten Leben warst, und welchen Auftrag du hattest.

Und dann?

Dazu komme ich noch. Wir waren ja noch bei der Unterscheidung der beiden Gruppen...

Stimmt. Fast drüber weggekommen.

Ob am Ende mit viel oder wenig Energie: Die erste Gruppe von Menschen hat ihre Erfahrungen im Leben gemacht, ob erfolgreich, sinnvoll oder nicht. Und das war es dann auch schon für dieses Leben.

Finish?

Ja. Feierabend.

Bierchen? Gut gekühlt?

Warum nicht. Vielleicht hattest du selbst da oben noch ein halbes Fläschchen deponiert? Über-stürzter Aufbruch?

Wäre typisch für mich...

Also: Die zweite Gruppe sieht ihren „Sinn des Lebens" nicht unbedingt darin, nur bestimmte Erfahrungen zu machen und danach wieder zu gehen.

Was sonst?

Sie möchte über gewisse Erfahrungen hinaus ihr individuelles Bewusstsein, das sie sich hier als Mensch aufgebaut hat, über ihren eigentlichen Tod hinaus bewahren und dort weiter ausbauen.

Wo wäre der Unterschied zur ersten Gruppe?

In der ersten Gruppe wird dir als individuelles Bewusstsein nach deinem Tod gezeigt, was der Sinn deines Hierseins auf der Erde war, werden vielleicht noch alte Verwicklungen mit anderen Menschen aufgelöst und wenn dieser Prozess abgeschlossen ist, gehst du nach und nach wieder zurück in Richtung deiner Seele. Aus der du gekommen bist. Und schließlich, wenn die Zeit reif ist, löst du dich wieder in ihr auf.

Ich bin weg?!

Ja.

Das wäre ja eine Katastrophe!

Für dich ja, für andere nicht unbedingt.

Und warum? Ich meine, jeder Mensch sollte doch an seinem Leben hängen, oder? Ich meine einfach immer leben zu wollen...

Warum? Manche haben tatsächlich die Schnauze voll. Ständig selber schauen, wie man zurecht kommt, ständig Energieniveau prüfen, schlaflose

Nächte, immer den gleichen Mist erleben. Da willst du vielleicht einfach nur noch heim. Wieder zurück in die „Liebe", die du hier auf der Erde nicht, oder nur unzureichend wahrnehmen und erleben konntest. Ich kann das voll verstehen. Aber wie gesagt: Entweder du trägst eine ganz bestimmte Sehnsucht in dir, oder auch nicht. Da gibt es kein „gut" oder „schlecht". Nur passend oder unpassend hinsichtlich deiner Absicht.

Aber wenn das hier einer aus der ersten Gruppe liest, dann schlägt der wütend das Buch zu? Oder was macht der? Schreibt mir Drohbriefe?

Ich denke, dass diejenigen, die der ersten Gruppe angehören, das hier gar nicht als Makel wahrnehmen. Die wären vielleicht nur genervt von der Vorstellung, ewig leben zu „müssen". Warum und wofür? Ist doch sinnlos. Oder aber sie kommen gar nicht bis zu diesem Punkt hier...

Welchen Punkt?

Bis zu dieser Seite. Vielleicht kaufen sie das Buch erst gar nicht. Vielleicht legen sie es auch ent-

täuscht nach ein paar Seiten in die Ecke. Was weiß ich. Vielleicht hatten sie einfach eine andere Erwartung an das Buch. Oder es sind Freunde und Bekannte und haben es dir zuliebe gekauft.

Dann hätten sie mir die 15 Euro besser so gegeben...

Ohne Gegenleistung? Hast du nichts gelernt?

Stimmt.

Aber ist das insgesamt soweit nachzuvollziehen?

Ich denke ja. Auch wenn das alles irgendwie komisch klingt.

Vielleicht weil es einfach „neu" für dich ist? Alles Neue ist ja anfangs irgendwie seltsam, ungewöhnlich. Sonst wäre es nichts Neues.

Schon richtig.

Und solche Themen sind ja im Allgemeinen auch selten Kneipengespräche. Oder etwas, über das man sich bei einem Häkelkurs unterhält.

Das war jetzt schonungslos Klischee.

War es nicht.

Schon.

War es deshalb nicht, weil in meiner Version die „Frauen" in der Kneipe gesessen sind und die „Männer" beim Häkelkurs waren...

Na schön. Dann halt nicht. Aber wie geht es jetzt weiter? Rein inhaltlich?

Wie du willst. Vielleicht hast du ja noch ein paar Fragen...

Fragen habe ich immer. Aber die interessantesten magst du mir ja selten beantworten...

Welche zum Beispiel?

Nach meiner „Zukunft"...

Nach „deiner" Zukunft?

Ja?

Bist du denn sicher, ob du überhaupt eine hast?

Habe ich nicht?

Scheinbar hast du ja noch große Pläne.

Wer ich?

Etwa nicht?

Nicht, dass ich wüsste. So konkret. Aber kann ja sein...

Aber du hast doch eben so vehement protestiert. Bezüglich eines möglichen „Abgangs". Dass du dein Bewusstsein scheinbar um jeden Preis erhalten willst. Also warum auch immer du so scharf darauf bist, aber dann wären das doch schon mal große Pläne, oder?

Die Frage wäre nur, wie das überhaupt geht. Bewusst zu bleiben, obwohl ich eigentlich sterbe. Tod bin. Bin ja nicht Jesus.

Stimmt. Kann ich bestätigen. Aber das ist die Frage aller Fragen in diesem Zusammenhang. Richtig.

Würdest du mir einen Tipp geben wollen?

Vielleicht. Mal schauen.

Vielleicht? Nach dem Zufallsprinzip? Willst du würfeln?

Es wäre ja möglicherweise erstmal interessant, welche Schritte in deinem Leben rein praktisch zu so einem Plan passen könnten...

Wie meinst du das?

Na, wenn du möglicherweise vor hast, über den Tod hinaus bewusst zu bleiben, also du konkret als Stephan, dann solltest du vielleicht schon mal eine entsprechende „Basis" dafür schaffen. Hier auf der Erde. Hier und jetzt. Und für die nächste Zeit.

Was wäre denn für dich eine entsprechende „Basis"?

Also wenn man ganz allgemein Pläne schmiedet, Ziele entwirft, dann arbeitet man ja bestenfalls auf diese Ziele hin. Und da macht es keinen Sinn auf Geschenke zu hoffen, die irgendwann, zur passenden Zeit, vom Himmel rieseln...

Warum erwähnst du das? Ich fühle mich nicht angesprochen.

Das betrifft ja nicht nur dich, andere Menschen denken vielleicht auch, der „Liebe Gott" wird es schon richten. Ich reiche meine Probleme mal vertrauensvoll weiter. Schließlich bin ich ein Kind Gottes und muss mich nicht um alles selber kümmern.

Das finde ich übrigens auch.

Ich weiß. Deshalb kommst du auch nicht voran. Und wenn du auf der Stelle trittst, nicht aktiv wirst, dann kannst du das vergessen mit dem „Ewigen Leben".

Aber die Kirche sagt doch genau das: Dass Jesus das „Ewige Leben" schenkt...

Sagt sie das? Und dann auch noch so?

Ich glaube ja. Oder so ungefähr. Aber ist das dann Quatsch, was die da erzählen?

Es kommt immer darauf an, wie du das ganze verstehst. Oder verstehen möchtest.

Wie möchte ich es denn verstehen?

Ich würde es lieber anders beantworten wollen: Meiner Sicht zufolge ist die Kirche allgemein daran interessiert, den Menschen die Botschaft von der Einheit mit Gott weiterzutragen. Und diesbezüglich hat sie ja völlig Recht. Alles, was existiert, ist Gott. Es gibt nichts außerhalb vom Göttlichen.

Außer das „Böse"?

Selbst das nicht. Auch das ist „Gott", wenn auch ein Teil von ihm, der sich irgendwann abgespalten hat. Oder wollte. Es aber nicht geschafft hat und seitdem versucht, andere Menschen auf seine Seite zu ziehen.

Warum eigentlich?

Um sie ihrer „Energie" zu berauben.

Ach ja?

Ja. Einfach deshalb, weil dieser Teil keine eigene Energiequelle mehr hat.

Weil er nicht mehr von der göttlichen Energie gespeist wird?

Ganz genau. Seit dieser Teil dachte, dass er ein eigenständiger Teil werden kann, eben außerhalb des Göttlichen, hat er sich auch von dessen Energiefluss getrennt. Und muss seitdem zusehen, woher er seine Energie bezieht.

Und da kommt nur der Mensch in Frage?

Hauptsächlich. Zumindest was das Leben auf der Erde betrifft.

Und wie kommt dieser Teil dann an meine Energie? Ich meine, er hat sich bei mir noch nicht vorgestellt, nicht gefragt, ob ich mal etwas von meiner Energie abgebe...

Nein? Hat er noch nicht bei dir geklingelt?

Ich habe keine Klingel.

Glück gehabt. Allerdings braucht er auch gar nicht klingeln, er kommt nämlich gerne zur Hintertür herein.

Auch die habe ich nicht.

Was hast du überhaupt?! Kein Bad, kein fließendes Wasser, keine Klingel und noch nicht einmal eine Hintertür? Wie kannst du da überhaupt überleben?

Ich habe alles, was ich brauche.

Sicher nicht.

Na schön. Das ist vielleicht ein ganz anderes Thema...

Aber sicher eines, das sich in der nächsten Zeit aufdrängen wird.

Meinst du? „Aufdrängen" klingt vom Wort her schon so lästig...

Keine Angst. Alles wird gut.

Ich hoffe.

Womit wir allerdings wieder beim Thema wären...

Umzug?

„Die Angst."

Oh.

Dieser „Teil" erhält den allergrößten Teil deiner Energie, indem er dir „Angst" macht.

Mir?

Allen.

Aber wie? Zieht er sich eine schwarze Kapuze über und erschreckt mich in der Dunkelheit?

So ungefähr.

Aber wie genau?

Du hattest doch schon mal Angst, oder?

Ich bin ein Mann. Ich habe keine Angst!

?

Ja, sicher.

Und selten sind es doch wohl Ängste um „Leib oder Leben" oder?

Vermutlich nicht.

Wovor hast du gerade am meisten Angst?

Also „Angst" wäre zu viel gesagt, aber mich nervt gerade meine finanzielle Situation. Die Steuer hat mein Konto gesperrt. Und das ist dämlich, weil ich ja auch Rechnungen bezahlen muss. Und wie mache ich das, wenn ich keine Überweisungen machen kann? Das geht mir gerade ziemlich auf den Sack.

Und macht vielleicht ein mulmiges Gefühl, oder?

Sicher.

Und warum wird dir mulmig?

Na weil ich nicht weiß, wie ich aus der Sache rauskomme. Die „Steuer" hat ein dickes Fell und ich habe keines. So ungefähr.

Du fühlst dich also machtlos?

Schon etwas.

Weißt du denn, was „Angst" überhaupt ist?

Angst ist Angst. Ein übles Gefühl.

Ja, aber genau formuliert bedeutet die Angst: „Ich habe das Gefühl, machtlos zu sein."

Das macht Sinn.

Wenn du nicht weißt, wie es weitergeht, wenn du dich ausgeliefert fühlst, dann hast du Angst.

Ja, passt schon.

Und wann hast du das Gefühl, ausgeliefert zu sein?

Wenn ich nicht weiß, wie ich erfolgreich handeln kann?

Richtig. Wenn du das Gefühl hast, gar nicht handeln zu können. *Und wann ist das?*

Was meinst du?

Wenn dir „Handlungsoptionen" fehlen. Und wann fehlen sie dir?

Wenn mir keine einfallen? Wenn ich zu wenig Wissen habe?

Ja richtig. Es gäbe womöglich eine ganze Menge an Handlungsoptionen, an Lösungen, wenn du so willst, aber du hast gerade keine parat.

Hast du mal ein Beispiel?

Wenn du in einem brennenden Raum stehst, es ist heiß und dir langsam die Luft ausgeht, dann hast du sicher Todesangst. Zumindest solange, wie du nicht bemerkst, dass hinter dir eine Tür ist...

Die hoffentlich nicht verschlossen ist...

Du wieder. Du alter Pessimist.

Realist.

Realistischer Pessimist.

Oder pessimistischer Realist?

Aber ist doch logisch, oder? Du machst dir solange in die Hosen, bis dir vielleicht auffällt, das es eine Lösung gibt. Oder gleich mehrere.

Aber warum sehe ich sie dann nicht?

Weil du „Angst" hast.

Hä? Was für eine Logik...

Was passiert, wenn du „Angst" hast?

Ich habe Angst.

Es ist manchmal, ausdrücklich, und erneut hoffnungslos mit dir! Du bist manchmal so faul, da ist wirklich alles zu spät!

Ich spare lediglich Energie. Ich habe nämlich noch große Pläne...

Ich rede bald nicht mehr mit dir. Und dann bist du aufgeschmissen.

Wie wäre es mit einem Kompromiss: Eine Pause? Ich kriege langsam Hunger...

Nein, jetzt nicht! Also, wenn du Angst hast, dann ist das im Grunde nichts anderes als ein großer „Energieabfall" innerhalb kürzester Zeit. Und was passiert, wenn deine Energie im Keller ist?

Ich werde dann immer müde, kriege Hunger...

Deine Wahrnehmung bricht zusammen. Beziehungsweise schränkt sich enorm ein.

Das hatten wir doch gerade vorhin...

Schlaues Kerlchen.

Na also. Das klingt doch schon ganz anders. Wieder Freunde?

Und was passiert, wenn deine Wahrnehmung stark eingeschränkt ist?

Ich nehme fast nichts mehr wahr?

Richtig. Du hast einen Tunnelblick und dieser schaut nur in eine Richtung...

Richtung Tunnel?

Richtung Dunkelheit. Du siehst schwarz, wenn du so willst. Und da sind keine Lösungen zu finden, keine Handlungsoptionen, die dir helfen können, da entspannt wieder raus zu kommen.

Aber dann wäre ja die Frage, warum ich so viel Energie verliere, innerhalb kürzester Zeit, oder? Weil ohne Energieverlust keine Angst, nicht wahr?

Richtig. Der Dreh- und Angelpunkt ist der Energieverlust. Und übrigens: Es muss nicht immer sein, dass du gleich auf einmal alle Energie verlierst, das geht auch schleichend. Oder um es mal ganz genau zu sagen: Es geht zu allermeist schleichend. Das ist ja der Trick daran.

Das es mir nicht auffällt?

Genau. Wenn du immer nur ein bisschen Energie abgibst, dann ist das unter Umständen für dich erträglich. Es macht nicht viel Lärm, fällt vielleicht nicht so ins Gewicht. Und erst, wenn der Energieverlust in Summe so groß geworden ist, dass dir die Energie sogar für deine tägliche Routine fehlt, dann schaust du auf einmal ganz dumm, weil es dann schon fast zu spät ist.

Kenne ich. Frage doch mal gleich den Experten.

Auf deine Expertise kommen wir bestimmt noch.

Aber das hatten wir ja schon: Wenn du da erst bist, wird es schwierig, da wieder raus zu kommen.

Wenn du wirklich Todesangst hast, oder dergleichen, dann ist das ja erst einmal überlagert von einem riesigen „Energieschub". Du bekommst teils eine enorme Kraft, eben genau das, was du brauchst, um dich zu retten. Und erst hinterher, wenn du überlebt hast, brichst du zusammen. Aber das ist dann auch egal, weil das Problem ja gelöst ist. Bei der anderen Geschichte ist es viel hinterhältiger...

Ein Beispiel?

Gerne. Allerdings ein vielleicht auf den ersten Blick ungewöhnliches.

Wir sind nichts anderes von dir gewohnt...

Wenn du vielleicht bei einer großen, sehr erfolgreichen Firma angestellt bist, die bestens für dich sorgt: Sehr gutes Gehalt, überdurchschnittlich viele Urlaubstage, familienfreundlich, Wertschätzung und so weiter, alles Tipptop. Nun bist du schon eine Weile dort und rundum zufrieden. Es könnte nicht besser sein. Jetzt überlegst du mit deinem Mann schon eine ganze Weile, ob ihr es euch nicht mal langsam leisten könntet, es nicht sinnvoll wäre, ein eigenes Haus zu bauen. Nicht weil ihr müsstet, ihr liebt im Grunde eure Altbauwohnung, liebe Nachbarschaft, draußen ein toller Spielplatz für eure Kinder und alle fühlen sich wohl. Aber bei vielen Abenden mit euren Freunden hört ihr doch immer wieder dasselbe:

„He, ihr mit eurem Gehalt! Da „müsst" ihr doch im Grunde bauen. Denkt mal an die Abschreibungen, eure Altersabsicherung. Wollt ihr ernsthaft eurem Vermieter alles in den Rachen werfen? Ich meine, wir haben doch einiges weniger als ihr und trotzdem gebaut. Und wir sind froh, dass wir das gemacht haben. Auch wenn wir jetzt vielleicht länger im Auto sitzen zur Arbeit. Ihr solltet an später denken, die Zinsen werden demnächst garantiert wieder steigen. "

Soll ich was sagen?

Wenn du willst.

Das klingt jetzt alles ein wenig nach Konflikt...

Inwiefern?

Na, wenn sich die Beiden und ihre Kinder wohl fühlen, warum was verändern?

Gute Frage.

Andererseits ist ein Gedanke an später auch eine Option.

Sicher.

Also ich muss passen. Schwierige Sache.

Ja. Aber nur dann, wenn du nicht weißt, welcher „Stimme" du lauschen sollst...

Ach nein! Das schon wieder?! Waren wir damit nicht schon durch?

Das hättest du wohl gerne.

Was hat denn das „Böse", die Angst, mit der Stimme von was weiß ich nicht zu tun?

Alles.

?

Die „Stimme der Vernunft", des Verstandes, auch gerne die „Kopfstimme" genannt, ist ja nichts anderes als das „Böse".

Wie bitte?! Schießt du da mal nicht gnadenlos über das Ziel hinaus? Wieder einmal?

Warum?

Na, wenn ich, mal als Beispiel, nicht zu Fuß, zur Rushhour, über die A 40 laufe, dann bin ich doch wohl vernünftig, habe meinen Verstand noch beisammen und bestimmt nicht vom „Bösen" geleitet...

Richtig.

Na und? Was willst du also damit sagen?

Nur mal für dich zur Erklärung: Es gibt einen Unterschied zwischen dem reinen „Verstand" und der „Stimme des Verstandes".

Da bin ich ja fast froh...

Nicht wahr?

Vielleicht hättest du mir das mal schon vor einer ganzen Weile sagen sollen?

Warum denn? Ich dachte du fragst Sachen nach, die du nicht verstehst?

Normal schon. Aber irgendwie habe ich das nicht hinterfragt. Mich nur still gewundert.

Wie so oft bei dir. Aber gut. Ich versuche mal, ein Bild aufzubauen: Der „Verstand" wurde dem Menschen ja gegeben, damit er befähigt ist, Dinge, die er wahrnehmen kann, für sich in einen möglichst sinnvollen Kontext zu setzen. Und so fähig ist, aus verschiedenen, einzelnen Aspekten der Wirklichkeit, etwas Neues aufzubauen. Egal ob das geistige Konstruktionen sind, oder eben auch physische. Beispielsweise ein Auto zu bauen.

Das einzig sinnvolle Auto ist ein Elfer-Porsche!

Na schön. Wenn du meinst. Aber hast du schon mal überlegt, wie du da eine ganze Familie reinbekommst?

Wieso? Vorne zwei Erwachsene, hinten die ganzen Kinder...

Schon. Allerdings müssten sie dann noch sehr klein sein, nicht größer werden dürfen und anschnallen ist auch nicht...

Kleinkrämer! Sieh doch mal das große Ganze. Du verlierst dich immer wieder in Details...

Scheinbar. Aber da habe ich ja in dir einen hervorragenden Lehrer.

Das denke ich auch.

Also gut. Der Verstand. Ein hervorragendes, menschliches Werkzeug. Das sei festgehalten. Jetzt ist es allerdings so, und im Grunde haben wir das ja schon angesprochen, dass der Verstand, so toll er in sich auch ist, missbraucht wurde.

Von wem? Etwa vom „Bösen"?

Wäre das so ungewöhnlich?

Vielleicht nicht. Kommt darauf an, was sich das „Böse" davon verspricht. Und wie es das rein praktisch schafft...

Ja, zwei sehr interessante Fragen.

Dann bin ich mal auf zwei sehr interessante Antworten gespannt...

Ich auch. Und deshalb: Kaufen sie das nächste Buch! Lesen sie, wie es weitergeht mit dem „Guten" und dem „Bösen". Wie wird sich unser verhinderter Held entscheiden? Und wird er sich überhaupt entscheiden? Oder bleibt er das, was er gerade noch ist: „Stephan der Graue".

Hast du sie nicht mehr alle?

Wäre doch das perfekte Marketing.

Wenn es denn einen interessieren würde...

Denkst du, es wäre nicht interessant, mal hinter die Kulisse des sogenannten „Bösen" zu schauen? Ihn mal bei seiner „Arbeit" zu beobachten? Den kleinen Schlawiener?

Das klingt jetzt einigermaßen verharmlosend...

Ja. Das ist auch so gemeint. Schließlich kommt „es" zu allermeist in einem eher harmlos ausschauenden Outfit daher. Du erkennst „es" erst dann, wenn er hat, was er haben wollte...

Du meinst meine Energie?

Nichts anderes will er oder es von dir. Und dazu stimmt er seine Methoden perfekt ab. Hat im Grunde schon einiges auf dem Kasten. Kennt die Schwächen der Menschen wie seine Westentasche. Wäre es nicht so traurig, dann könnte man glatt den Hut ziehen vor so einer „Leistung".

Was hat er denn so alles drauf? Seine Soft Skills?

Die Liste an Details ist lang. Zusammengefasst könnte man aber sagen, dass seine Spezialität diese ist: Er erzeugt, wie auch immer ihm das im Einzelfall gelingt, eine Art von „Gier" in dir. Und *wenn er das geschafft hat, suggeriert er dir, dass er dir das, auf was du gierig bist oder warst, wieder wegnehmen wird.*

Chips?

Ich dachte, du isst keine Chips...

Ich nicht. Aber ich kenne welche...

Womit könnte dich denn das „Böse" ködern?

Porsche.

Oh. Und wenn es etwas weniger sein soll?

Schwer zu sagen. So richtig gierig fühle ich mich eigentlich nicht.

Na schön. Vielleicht hast du auch viele Dinge schon überwunden. Aber früher gab es sicher viele Dinge, auf die du „gierig" warst, oder?

Ja, früher war einiges anders. Süßes war mal ganz groß ein Thema. Oder Alkohol. Oder auch

Motorräder. Aber das alles war nicht so richtig eine „Gier". Bist du sicher, dass das ein passendes Beispiel ist?

Ja sehr. Du musst es nur genau untersuchen. Und zunächst eine Frage dazu stellen: Was glaubst du, ist der Grund, warum ein Mensch etwas tut, was nicht seinem Überleben dient? Wie etwa Nahrung, ein Dach über dem Kopf?

Gute Frage. Also, wenn das gesichert ist, dann möchte er vielleicht etwas erleben? Etwas schönes, nach Möglichkeit. Erfahrungen sammeln? So ungefähr...

Ja okay, klingt doch schon mal ganz gut. Aber wie wäre es hiermit: „Ein Mensch tut deshalb etwas, um in ein ganz bestimmtes „Gefühl" zu kommen."

Mehr nicht?

Klingt arg reduziert, ich weiß. Aber: Wenn du mal denkst, du machst etwas, was auch immer das gerade sei, und es würde sich kein Gefühl dabei einstellen. Würdest du es dann trotzdem tun?

Gute Frage.

Ich weiß.

Vermutlich nicht. Es sei denn, es hätte einen ganz praktischen Zweck.

Welcher könnte das sein? Zum Beispiel?

Ich flicke das Dach meines Hauses, damit es nicht reinregnet.

Gut, dann wären wir aber eher bei der „Über-lebensgeschichte". Dass du dafür sorgst, dass du eine funktionierende Unterkunft hast. Und im Zweifel gäbe dir das erfolgreiche Flicken des Daches auch noch ein gutes Gefühl.

Dann vielleicht eine Fahrt mit meinem Auto von A nach B? Einfach nur, um an einen anderen Ort zu gelangen?

Das musst du gerade sagen! Du würdest doch wohl mit dem Porsche fahren wollen, oder? Fahrdynamik, das Gefühl von Kraft und Energie?

Und wenn ich aber nur einen ranzigen Bus zur Verfügung habe?

Du würdest dich aber bemühen, auch in diesem Falle, dem Ganzen etwas Positives abzugewinnen. Das Beste aus der Sache machen, damit du während dieser Zeit ein gutes Gesamtgefühl hast. Vielleicht hältst du unterwegs an der Tankstelle an und holst dir einen leckeren Kaffee? Oder aber du legst gute Musik ein? Oder aber du telefonierst während der Fahrt mit deiner Freundin. Machst Dinge, die dich freuen. Aber ich denke, alles, was du machst, was freiwillig ist, soll ja auch einem speziellen Zweck dienen. Sonst könntest du es auch gleich sein lassen. Und ich glaube eben, dass der eigentliche Zweck, der hinter den Dingen steht, der ist, dass du dich in ein bestimmtes „Gefühl" versetzt. Oder auch gleich mehrere. Und jetzt zur unangekündigten Preisfrage: Warum machst du das?

Warum ich etwas freiwillig mache?

Ja? Vor diesem Hintergrund?

Gute Frage. Ich denke, bei genauer Überlegung, müsste es was mit „Energie" zu tun haben?

Du möchtest über die Handlung in ein bestimmtes Gefühl kommen, weil dir dieses Gefühl „Energie" gibt. Ganz einfach.

Ach so?

Ja. So ist das.

Und was hat das jetzt mit unserer Familie in der Altbauwohnung zu tun?

Viel.

Und was genau?

Wenn sich die beiden mit ihren Kindern dort „wohl" fühlen, dann ist das ja erst einmal ganz allgemein formuliert. Du könntest aber hier auf

Spurensuche gehen, um rauszufinden, welche speziellen Gefühle hier von allen zu erleben sind. Und warum würde man so etwas tun wollen?

Weil...

...sie sich dann vorstellen könnten, wie sie sich in einem eigenen Haus fühlen könnten, in einer anderen Umgebung, möglicherweise Neubaugebiet. Wo sich das Elternpaar morgens in ein Auto setzen müsste, um zur Arbeit zu kommen. Anstatt einfach aus dem Haus zu gehen, quer durch einen Park, an zwitschernden Vögeln vorbei, um eine viertel Stunde später erfrischt auf der Arbeit zu erscheinen.

Also Gefühlsvergleich?

Ja. Alle möglichen Gefühle aufschreiben, für beide Varianten, und dann vergleichen. Und wenn ich erwähnt habe, das gute Gefühle viel Energie bringen, dann kannst du mit ein wenig Übung schon vorab vergleichen, an welchem Ort ich mehr Energie generiere.

Und wenn es keine großen Unterschiede gibt?

Dann könntest du ja mal deine „Stimme des Herzens" fragen, was sie dir oder euch flüstert...

„Italien"?

Warum nicht. Vielleicht würde das der ganzen Familie noch am besten gefallen. Manchmal versucht man sich vielleicht auch zwischen 2 Dingen zu entscheiden, übersieht dabei allerdings, dass es noch weitere Optionen gibt.

Aber warum die „Stimme des Herzens" fragen, wenn ich über meine Gefühlssuche schon alle Informationen beisammen habe?

Weil du eben nur die „beiden" Optionen verglichen hast, nicht aber eine dritte und vielleicht vierte Möglichkeit in Betracht gezogen hast. Vielleicht weil sie auf den ersten Blick zu weltfremd, zu ungewöhnlich anmutet. Darüber kannst du dann keine oder nur schlecht Gefühlsinformationen sammeln. Da bist du dann eher auf Informationen einer „höheren Sicht" angewiesen.

Die genau weiß, welche Bedürfnisse und Sehnsüchte die Familie hat, jeder einzelne von ihnen. Und das am besten passende Ergebnis gewinnt. Auch wenn es, wie gesagt, auf den ersten Blick einfach mal seltsam erscheint.

Also vertrauen?

Wenn du diese Informationen sauber und klar aufnehmen kannst, dann kannst du dir sicher sein, dass das die beste Wahl ist. Auch wenn alle das vielleicht erst nach einer gewissen Zeit realisieren, was für einen Fang sie mit ihrer Entscheidung gemacht haben. Nimm mal alleine deine eigene Erfahrung, als ihr hier her nach Thüringen gezogen seid. Erst in Hamburg, dann im Allgäu, dann nach Thüringen. In den „dunklen Osten". Wo komische Menschen wohnen.

Ich habe das nie so gesehen.

Ich weiß. Wollte einfach nur mal gute Stimmung verbreiten. Energie erzeugen...

Ist dir bestimmt gelungen.

Als sich schließlich eure Suche verdichtet hatte, auf den Hof hin, den ihr dann später gekauft habt, bist du ja erst einmal zünftig Amok gelaufen, oder?

Das war schon so.

Und warum?

Weil ich irgendwie eine romantische Vorstellung im Kopf hatte, ich wollte „alleine" wohnen. Also schon auf dem Land, aber eben „Alleinlage".

Sieht dir ähnlich. Oder sah dir ähnlich. Und wie war euer Hof nun konkret gelegen?

Direkt im Dorf, direkt an der Straße und aufgebaut wie eine Festung.

Ein „Vierseithof". Genau. Und was war nach deinem „Amoklauf"?

Meine Frau wollte den Hof sofort. Ihr war sofort klar: Das ist er.

Und du? Hast du sie niedergemacht? Beschimpft? Gedroht?

So schlimm nicht. Oder vielleicht doch? Aber ich war gar nicht glücklich. Allerdings gab es da seltsamerweise einen Punkt, als wir wieder im Allgäu waren, nach der Besichtigung, und ich mir die Bilder noch einmal angeschaut habe, dass irgendetwas in mir tatsächlich dazu genickt hat. Das war ganz eigenartig. Unabhängig von meinem Gefühl. Das war immer noch total beleidigt.

Ah schau her. Die „Stimme deines Herzens" hatte ein leises Machtwort gesprochen! Sehr schön.

Denkst du, das war diese „Stimme"?

Sehr sicher. Das Gefühl hat gekotzt, die Stimme dir aber zeitgleich über eine Art „Stilles Wissen" die passende Information gegeben.

Aha.

Und dann war der Weg frei. Ihr habt den Hof gekauft und alles hat sich bestens entwickelt. Kinder glücklich, es war das Paradies schlechthin. Viele Tiere, schmutzig machen, in den Wald gehen und noch ganz viel mehr. Deine Frau auch glücklich, weil sich dort, auch in der weiteren Umgebung, so viele Möglichkeiten aufgetan haben. Möglichkeiten, mit denen keiner von euch rechnen konnte. Die deine Frau aber schon intuitiv geahnt hat. Und du am Ende auch noch den passenden „Schubs" von deiner „Herzensstimme" bekommen hast. Eine Erfolgsgeschichte. Ohne Verstand, aber mit Herz.

So ungefähr.

Und du schreibst, mal ganz nebenbei bemerkt, diese Zeilen in einem wildromantischen Bauernhäuschen, das du für einen „Appel und Ei" hattest kaufen können. Nah zu deinen Kindern, und trotzdem räumlich getrennt, nach der Trennung. Perfekt. Und das alles war aus höherer Sicht schon da, das hätte aber euer Verstand als Potential niemals erkennen können.

Und jetzt? Was willst du mit dem Ganzen eigentlich sagen?

Dass es nicht darum geht, aus vorsorglich praktischen Erwägungen eine Entscheidung zu treffen. Selbst nicht aus romantischen Anwandlungen, wenn du dann hinterher vor Einsamkeit stirbst. Oder aus dem Beispiel der Familie: Würdest du dich für eine „Alterssicherung" entscheiden, auch wenn dir klar wäre, dass alle sich nicht so wohl fühlen würden, wie in der alten Wohnung? Selbstsabotage? Du hättest vielleicht das Gefühl, das Richtige zu tun, wenn ihr älter seid. Seid ihr aber noch nicht. Ihr habt jetzt vielleicht ganz andere Bedürfnisse, als in 20 Jahren.

Vorsorge nimmt halt keine Rücksicht.

Nein, tut sie nicht. Sie entspringt der „Stimme des Verstandes". Und diese Stimme möchte nicht, dass ihr gute Gefühle und dadurch viel Energie habt, sie möchte euch eher sanft beschneiden in euren Handlungsoptionen, sie möchte „Sicherheit" in Euer Leben bringen. Planungssicherheit. Und wenn ihr die habt, könnt ihr darauf auf-

bauen. Dann ist zumindest schon mal eine Rich-
tung vorgegeben. Ein Haus und Leben in Was-
weißichnichtwo, Speckgürtel von der Stadt, in der
ihr einmal glücklich wart.

Pessimist.

Realist. Allerdings liebevoll real.

Hinsichtlich?

Wenn du danach schaust, was dir wirklich gut tut,
was euch, deiner Familie gut tut, dann ist es nicht
schwer, die richtigen Entscheidungen zu treffen.
Und „liebevoll" in diesem Zusammenhang heißt
für mich, dass ich zumindest einen groben
Überblick habe, wo die „Sehnsüchte" meines
Partners, meiner Kinder liegen. Denn wenn ich
auch nur ein paar davon kenne, dann weiß ich
auch, welche Wohnsituation dazu passen könnte,
welcher Urlaubsort der richtige wäre, der pas-
sende Kindergarten und so weiter. Dann kommt
Licht in das Dunkle.

Ich frag jetzt mal lieber nicht, wer sich so in der „Dunkelheit" rumtreibt...

Die „Stimme des Verstandes" wird mir nie sagen, welche Chancen mir entgehen, wenn ich etwas mache oder bleiben lasse. Sie wird mir nur sagen, was ich tun kann, um einigermaßen „sicher" zu sein. Und wie ich diesen Zustand dann schrittweise ausbauen kann, um noch mehr „Sicherheit" zu erlangen. Denn dann kann ich sicher sein, dass mir niemand mehr etwas anhaben kann. Wahrscheinlich. Statistisch gesehen.

Klingt doch gut...

Allerdings bin ich dann am Ende so „sicher", dass ich mich nicht mehr bewege, bewegen kann, weil ich keine Energie mehr habe. Dann ist nur noch das Eine sicher: Dass ich in Ruhe sterben werde.

Immerhin. Alles hat seinen Preis.

Aber weißt du, was das Dumme am Sterben nach dieser Art ist?

Na?

Das es sich fürchterlich anfühlt.

Das Sterben an sich?

Ja, die unmittelbare Zeit davor. Der Vorgang an sich. Wenn du dann weg bist, ist es nicht mehr so krass.

Und was kommt dann? Und: Musst du immer solche Schauermärchen erzählen? Ich dachte, das sollte ein schönes Buch werden, eines, das Freude verbreitet...

Das wird es auch. Aber damit sich „Freude" einstellen kann, braucht es „Aufklärung". Und ja, falls alle das schon wissen, sorry, ich wollte weder langweilen, noch schlechte Laune verbreiten...

Entschuldigung angenommen. Dann mach aber schnell, ich will endlich mal was Positives hören.

Kommt doch jetzt. Achtung: Wenn du aus dem Körper austrittst, dann ist zwar noch nicht alles gut, aber der schwierigste Teil liegt hinter dir.

Warum ist es denn eigentlich so schwer, aus dem Körper auszutreten? Also mal ganz platt gesagt: Zu sterben?

Weil du es gelernt hast, dich am Leben festzuhalten.

Was ja auch vielleicht ganz gut ist?

Auf jeden Fall. Allerdings wäre die Frage, ob du das immer und unter allen Umständen machen musst oder solltest.

Du meinst, wenn mein Leben eigentlich schon vorbei ist, ich aber noch am Leben „hänge"?

So ungefähr. Eine Variante. Es mag ja sein, du liegst bereits im Pflegeheim, keiner schaut mehr hin, und du willst einfach partout nicht gehen. Ohne Aussicht auf Veränderung liegst du vielleicht noch Jahre da rum...

Wieder mal das Maximalbeispiel...

Im Allgemeinen ist dein Leben dann vorbei, wenn du keine Aussicht mehr hast, deine „Sehnsüchte" zu leben.

Das klingt jetzt schon um einiges bedrohlicher. Wenn ich nämlich meine Sehnsüchte gar nicht kenne, woher weiß ich dann, ob ich noch die Aussicht habe, sie erleben zu können?

Wenn du die nicht kennst, kann es in der Tat schwierig werden. Hast du jetzt etwa Angst?

Willst *du* mir denn Angst machen?! Bist du denn das „Böse"? Der Wolf im Schafspelz? Dann hätte ich allen Grund dazu...

Selbst dann nicht.

Doch!

Du alter Angsthase.

Ich gebe das gerne zu. Also manchmal jedenfalls.

Na schön. Aber du weißt doch, wie es geht. Wie dieser „Göttliche Teil" arbeitet, oder?

Ja schon, aber Theorie und Praxis unterscheiden sich dann doch fundamental. Wie denkst du denn, soll ich reagieren, wenn ich Schiss kriege? Wenn ich nicht sicher bin, ob mein Leben überhaupt Sinn macht?

Ganz einfach. Es ist wie mit allen Dingen, die nicht unter der Kategorie „Akute Lebensgefahr" laufen: Du nimmst es erst einmal hin.

Was genau?

Wenn du vielleicht einen üblen Brief vom Finanzamt bekommst, dann sorgst du am besten dafür, dass du in dir keine „Logikkette" aufbaust.

Hinsichtlich?

Hinsichtlich der Folgen: Steuerschulden? Kann ich nicht begleichen. Dann muss ich das Haus verkaufen, meine Frau verlässt mich, nimmt die Kinder mit. Und ich ziehe unter eine Brücke.

Dann hätte ich wenigstens fließend Wasser. Aber so hätte ich jetzt tendenziell auch argumentiert. Und was wäre dein Tipp?

Egal, was du in deinem Leben erlebst, egal, was auf dich zukommt: Wenn es nicht lebensgefährlich ist, du nicht im gleichen Augenblick handeln musst, dann kommt aus meiner Sicht nur eine Reaktion für dich in Frage...

Welche?

Du sagst zu dir erst einmal nur das eine: „Aha!"

Aha? Nicht mehr? Nur „aha"? Oder geht „achso" auch? Oder „soso"?

Mit „Aha" meine ich: Du nimmst etwas wertfrei zur Kenntnis. Reaktion Zero.

Auch einen fiesen Brief vom Finanzamt? Oder eine üble Beleidigung in der Kneipe? Wenn meine Frau sagt, sie würde lieber gehen, anstatt zu bleiben? Das Unterhemd zu schmutzig? Das alles mit einem „Aha" kommentieren?

Ja.

Damit ich meine Frau noch ein letztes mal auf die Palme bringe? Nach dem Motto: „Dir war ja eh immer alles egal!"

Nein. Damit sie in Ruhe gehen kann. Du sie nicht aufhältst. Ihr ein Taxi bestellst. Den Koffer trägst. So ungefähr. Was hast du denn neutral betrachtet für eine Chance? Du kannst es doch sowieso nicht ändern, dass sie geht.

Doch, ich könnte ihr am Rockzipfel hängen, sie anflehen, dass sie nicht gehen möge.

Ihr versprechen, dass du dich in Zukunft ändern wirst?

Beispielsweise.

Warum willst du das tun?

Keine Ahnung. Damit sie bleibt?

Ja, aber was hast du davon? Kannst du nicht einschlafen, wenn neben dir keiner liegt? Oder vermisst du ihre Sachkenntnis bei der Wäsche? Grasflecken?

Kann ja sein. Also ich jetzt nicht, aber es mag ja Männer geben, die alleine aufgeschmissen sind...

Aber du willst dich deshalb verbiegen? Du willst etwa allen Ernstes auf dein ketchupverschmiertes, weißes Unterhemd verzichten, das du so gerne auf der Couch trägst? Du willst dir ernsthaft morgens die Zähne putzen, nur damit du hier und da mal einen Kuss ergattern kannst? Bist du bereit, das alles aufzugeben, so tief zu sinken, dich so von einer Frau erniedrigen zu lassen? Was bist du nur für ein Mann?!

Ich weiß, ich fühle mich schlecht! Das darf ich meinen Kumpels an der Bar niemals sagen. Ich habe die Fassung verloren, tut mir Leid!

Schon gut. Wie ist also deine originale Reaktion auf die Pläne deiner Frau?

„Aha."

Sehr gut. Und dann, sobald sie durch die Tür ist, rufst du deine Kumpels zum Feiern an. Und löscht den Kontakt deiner Schwiegermutter.

Gute Idee. Nur in anderer Reihenfolge.

Dann hätten wir das ja geklärt.

Ich bin jetzt also frei?

Scheint so. Eine Beziehung, mal Spaß beiseite, ist ja ein abenteuerliches Projekt. Sie kann unendlich erfüllend sein, aber eben auch die Hölle.

Und irgendwas dazwischen...

Ja, aber verarsch dich bitte nicht selber, wenn sie aktuell gerade „irgendetwas dazwischen" ist. Wenn du das so lässt, steuerst du sehr sicher, früher oder später, in Richtung Hölle...

Du wieder.

Erfahrung. Beobachtung. Wahrnehmung. Und da bin ich eben fit. Im Gegensatz zu dir. Der sich gerne mal was zurechtmauschelt...

Das war früher. Das zählt nicht mehr!

Wir werden sehen. Bin gespannt auf deine nächste Freundin. Die wird dich frisch machen! Jeden Tag einen Blumenstrauß, kein Ketchup auf dem Hemd! Ansonsten Schwitzkasten.

Ich dachte, sie wäre angeblich ein „Leichtgewicht"? Und keine Kugelstoßerin!

Sie macht es eben auf eine andere Art...

Das will ich gar nicht wissen. Hast du nicht gerade gesagt, du würdest mit etwas „Freudigem" aufwarten können?

Das ist etwas „Freudiges".

Was genau?

Deine Freundin.

Klang gerade aber anders.

Details. Aber wir waren ja bei der Logikkette: Schau, dass du die nicht automatisch beginnst.

Automatisch heißt?

Heißt: Nach der „Logik" des Verstandes. Der „Stimme des Verstandes". Der ja, die ja, woher auch immer, die Information hat, dass das dein Ende ist. Ein logisch, kombiniertes Ende.

Sie sorgt sich halt um mich...

Sie sorgt dafür, dass du bei all diesen Aktionen, bei den großen und kleinen Katastrophen im Leben, mehr oder weniger Energie verlierst.

Und du willst ihr den Mund verbieten?

Ich nicht. Ich habe mit ihr keine Probleme. Du aber...

Ich weiß. Aber was kann ich denn dann machen, dass ich genauso locker werde wie du? Du scheinst ja keine Angst zu haben vor dem „Bösen".

Nein. Ganz recht.

Und?

Du meinst die Maßnahmen?

Ja? Was machst du anders als der größte Teil der Menschheit?

Also ich, und nicht nur ich allein, durchschaue den Schlachtplan dieses abgespaltenen göttlichen Teils. Du darfst ja nicht vergessen, dass Gott diesen Teil hat gehen lassen. Er hat ihn nicht aufgehalten. Obwohl er es hätte tun können.

Aber warum? War er benebelt, hatte einen sitzen?

Nein, er war völlig klar.

Aber dann riecht das ja nach Absicht, nach Vorsatz!

Jetzt kommt der Polizist wieder in dir durch...

Das ist gesunder Menschenverstand!

Na gut, vielleicht. Aber um deine Frage zu beantworten: „Er" hat einfach die ganze Sache beobachtet, hat keine Vorgaben gemacht und geschaut, was sich dadurch entwickelt.

Aber mit was für einem Ergebnis?! So viel Leid!

Was denkst du, kann das Ergebnis sein, wenn du, also jetzt speziell du, am letzten Wochenende in der Bar trinkst, ihr eigentlich schon genug intus hattet, dann aber noch in die nächste Bar zieht und das gleiche von vorn? Kommt da auch der „Liebe Gott" um die Ecke und versaut dir oder euch den Abend? Zaubert er euch etwa ab exakt 1,0 Promille automatisch ins Bett? Oder lässt er euch machen?

Er sollte es das nächste mal tun!

Dafür bist du selber verantwortlich. Und warum bist du das?

Weil ich ganz genau weiß, wann es für mich gut ist?

Ja vielleicht. Denn es war ja sehr lustig. Aber ganz grundsätzlich: Du machst es, weil du einen freien Willen hast!

Stimmt. Den ich aber ab und zu missbrauche.

Das ist dann dein Bier. Oder deine Verantwortlichkeit.

Da wären wir dann wieder beim ersten Buch. Nur aus einer andere Richtung...

Ja. Das ist so. Der freie Wille, den du für „Gutes" und „Schlechtes" einsetzen kannst.

Und vielleicht irgendwas dazwischen...

Nein.

Wieso?

Sagt dir „Stephan der Graue" etwas?

Du meinst hinsichtlich der Eindeutigkeit meiner Taten?

So ungefähr. Es gibt nichts dazwischen. Und warum tut es das nicht?

Weil ... ich habe es vergessen.

Energie?

Ah ja! Entweder bringt eine Handlung Energie, oder sie kostet mich Energie. Gell?

Ganz recht. Und das dazwischen ist nur ein sehr schmaler Bereich. Wo dein Energieniveau durch eine Handlung gleich bleibt. Solche Dinge können wir getrost vernachlässigen.

Vernachlässigen? Ein schönes Wort. Aber dann sind wir ja tatsächlich wieder bei dem Punkt, an dem du sagtest: Ich muss mich ja nicht von diesem üblen Teil über den Tisch ziehen lassen. Ich kann was tun.

Ja, sehr richtig. Und was?

Ich sollte schauen, dass alles, was ich freiwillig mache, mir Energie bringt.

Sehr richtig.

Also schön! Demnach werde ich morgen eine Bank ausräumen! Weil mich das System lange genug verarscht hat. Die Steuer rückt es nicht raus, jetzt hole ich es mir von denen, die genug von dem Zeug haben. Richtig so?

Kannst du so machen. Allerdings solltest du schauen, dass das keine Energie bringt...

Warum? Geld ist doch eine Form von „Energie". Und ich freue mich über Geld und habe so automatisch eine Handlung initiiert, aus der ich Energie generiere. So einfach ist das!

Auf den ersten Blick schon.

Und auf den Zweiten?

*Alles, was dir Energie bringt, ist „liebevollen"
Ursprungs. Und das ist ein Banküberfall in
keinem Fall.*

Aber warum? Auch nicht, wenn ich der Frau an
der Kasse Komplimente mache? Mich höflich
von allen verabschiede? Sogar extra noch ein paar
Scheine fallen lasse? Für die Kaffeekasse?

*Nein, das ist zwar sehr aufmerksam von dir, aber
das macht es nicht wirklich besser...*

Aber warum nicht? Wo ist das Problem?

Dass du kein Anrecht auf das Geld hast.

Kleinliche Sichtweise.

Was denkst du, ist Geld im eigentlichen Sinne?

Geld ist ein Zahlungsmittel.

Ja schon, aber wofür wurde es erschaffen?

Damit ich zu Schalke gehen kann. Die nehmen keine Kartoffeln.

Woher weißt du das? Du bist schon ewig nicht mehr dort gewesen...

War doch nur ein Beispiel.

Na schön. Aber um das mal abzukürzen: „Geld ist ein Tauschmittel für erbrachte Werte."

Aha. Kann ich mit sein. Dann müsste ich vorher eine „Leistung" erbringen, bevor ich die Bank ausräume? Dem Vorstand den Wagen waschen? Seine Frau ausführen? Sie bezahlt. So ungefähr?

Ja, genau so. Was bist du nur für ein schlauer Junge!

Ich weiß. Reichlich spät, aber immerhin erkannt. Deine Wahrnehmung klart scheinbar langsam auf...

Das tut sie wohl. Aber mal abgesehen, dass ich dich so lange, so katastrophal unterschätzt habe:

Wo liegt denn der Kniff in dem Tauschgeschäft mit dem Geld?

Dass ich *erst* eine „Leistung" erbringe, dann bezahlt werde?

Der reinen Lehre nach ja. Aber ich meine etwas anderes...

Was denn?

Dass ihr mit dem Tausch zunächst einmal „einverstanden" sein müsst. Und zwar beide gleichzeitig.

Macht Sinn.

Ergo müsstest du dann den Vorstandsvorsitzenden fragen, ob er mit dem Tausch „Autowäsche gegen Geld aus dem Tresor" einverstanden ist.

Und wenn er das für einen guten Deal hält?

Dann weißt du aber ganz genau, dass es nicht sein Geld ist, was du mit der Wäsche „verdienst". Das Geld ist nicht sein eigenes.

Dann wäre es „Unterschlagung"? Und/oder „Raub". Je nachdem.

Du bist der Experte.

Ja schade. Und was mache ich jetzt?

Jetzt sorgst du dafür, dass du auf eine liebevolle Art und Weise wieder an dein Geld kommst. Und falls es verloren sein sollte, neues produzierst.

So einfach?! Ich Dussel. Warum bin ich nicht selbst darauf gekommen?!

Verstehe ich auch nicht. Vielleicht, weil du einen zu kleinen Blickwinkel anlegst? Vielleicht solltest du deine Wahrnehmung mal erweitern, neue Möglichkeiten in Betracht ziehen? Wenn du Geld nur nimmst, ohne eine Gegenleistung zu geben, dann sieht das auf den ersten Blick zwar clever aus. Allerdings verwickelst du dich so gleichzeitig mit dem Menschen, von dem du es nimmst. Und das wiederum bindet deine Energie. Und das wiederum kostet dich langfristig genau das, was du eigentlich haben wolltest: Energie...

Nennt man das auch zusammengefasst: Ein „Schlechtes Gewissen"?

Das könntest du so sehen.

Aber das kann man sich doch sicher abtrainieren, oder?

Natürlich. Das geht schon. Machen ja viele. Die sagen sich: „Der andere ist eben zu doof, er hat es nicht besser verdient, als verarscht zu werden. Nur die Besten überleben, sollen auch überleben. Ich erfülle einen göttlichen Plan. Ich habe von Haus aus das Recht, so vorzugehen." Und so weiter. Irgendwie bekommst du das schon hin, wieder durchzuschlafen...

Na bitte. Ich gehe morgen direkt los!

Du bist doch zu dämlich, deine Schuppentür auf-
zubekommen, wie willst du einen Safe knacken?
Außerdem - auch wenn du dir das abtrainiert
hast, mitfühlend zu sein, dann gibt es trotzdem
einen ganz kleinen Teil in dir, der dir flüstert,
dass es nicht in Ordnung ist. Und dieser Teil ist
immer da, der geht nie weg.

Ist das immer noch, schon wieder, und hoffentlich
abschließend, die „Stimme meines Herzens"?

Ja.

Also morgen keine Bank ausräumen? Oder
erstmal sicherheitshalber ins Horoskop schauen?

Frag sie doch mal...

Sie hat gesagt, dass ich die Vergangenheit ruhen
lassen sollte und mich um meine Zukunft kümmern soll.

Na bitte.

Ohne Geld?

Es wird Geld kommen.

Woher?!

Vertrau mir.

Ich versuche es. Aber das war trotzdem keine Antwort auf meine Frage...

Schön und Pech. Aber wir waren im Grunde ja aus der Richtung gekommen, unseren freien Willen möglichst so einzusetzen, dass es allen damit gut geht. Also mir selber natürlich, aber eben auch allen anderen, mit denen ich Kontakt habe, oder haben möchte.

Oder „muss".

Oder auch „muss". Ja. Schon. Manchmal. Aber wenn dir jemand nicht behagt, warum auch immer, dann solltest du den aus deinem Leben nehmen.

Du sprichst jetzt von der Schwiegermutter?

Nein. Ich rede von Menschen, die dir Energie klauen.

Also doch die Schwiegermutter...

Hör mal auf! Hattest du jemals eine schlimme Schwiegermutter?

Nein.

Na also. Wo nimmst du das jetzt her?

Allgemeine Meinung.

Seit wann schert dich denn die „Allgemeine Meinung"?

Keine Ahnung. Passte gerade so schön.

Ich rede aber von Menschen, die tatsächlich potentiell hinter deiner Energie her sind. Und da kommen schließlich eine Menge in Frage...

Welche?

Diejenigen, die der „Stimme des Verstandes"
verfallen sind.

Drehen wir uns im Kreis?

Keineswegs. Aber alles ist miteinander verwoben.
Und wenn du da keinen Durchblick hast, kannst
du dir kaum ein Energiefeld aufbauen, das dich in
die Lage versetzt, dieses Leben nicht nur zu
überleben, sondern auch erfolgreich fortzu-
führen...

Wohin?

Wohin du willst.

Immer diese Entscheidungen! Immer diese neuen
Perspektiven. Geht es nicht einfacher? Ist das
Leben so kompliziert, oder empfinde ich es nur
so?

Ich denke, das Leben ist vielfältig. Voller Mög-
lichkeiten. Was ist daran schlecht?

Eigentlich gar nichts. Allerdings verliere ich so langsam den Überblick...

Falls du den jemals hattest, ist das doch eine durchaus wünschenswerte Entwicklung.

Ich kann mich nicht erinnern, einen Wunsch in dieser Hinsicht gehabt zu haben...

Nicht bewusst vielleicht.

Was soll das jetzt schon wieder heißen?

Wenn du in deiner Lebensabsicht für dieses Leben die Sehnsucht impliziert hast, „frei" zu werden, dann frohlockt die „Stimme des Herzens", wenn du so langsam an diesen Punkt kommst...

Und die andere Stimme von: „you know who"?

Die zetert herum, kriegt Panik und macht einen riesen Aufstand.

Aber warum? Ich meine, sie könnte doch mit mir in meine angebliche „Freiheit" gehen. Was immer das auch genau sein mag.

Dafür wurde sie aber nicht geschaffen.

Für was denn?

Dem abgespaltenen Teil Gottes Energie zuzuführen.

Ich bin gerade überfordert! Wenn es diese zwei „Stimmen" gibt, eine göttliche und eine, die es nicht ist, wer bin ich in dem Ganzen dann überhaupt?

Die Frage hat ganz schön lange auf sich warten lassen...

Nicht meine Schuld. Du hast mich dauernd abgelenkt!

Natürlich. Aber jetzt ist die Frage ja gestellt. Was denkst denn du, wer du eigentlich bist?

Diese Frage ist exakt die gleiche wie aus dem ersten Buch.

Von mir aus. Und was hast du geantwortet? Damals?

„Mist".

Du „bist" Mist oder du „hast" Mist geantwortet?

Ich habe „Mist" geantwortet. Aber schön, dass du dich vergewissert hast...

Gerne. Aber es war ja vielleicht nicht direkt „Mist", war aber auch keine wirklich passende Antwort. Aber jetzt hast du ja noch einmal die Chance: Zeig, was du in 9 Monaten gelernt hast...

Du kannst mich nicht unter Druck setzen!

Das werden wir sehen. Also?

„Ich bin ein göttliches Wesen!"

Mutige Antwort.

Warum? Irgendwas falsch gedacht?

Du meinst derlei Gestalt, dass dieses „göttliche Wesen" Angst hat, seine Rechnungen nicht bezahlen zu können? Oder eher das Bild von vorhin, das „göttliche Wesen" verkleidet in einem muffelnden, ketchupverschmierten Unterhemd, das über seiner halbgeleerten Chipstüte einpennt? Fernseher läuft noch...

Ja, daran dachte ich. Oder ist das etwa der abgespaltene Teil von mir, der so denkt? Bin ich etwa Teil diesen üblen „Systems"?

Du meinst jetzt das „Ketchupsystem"?

Egal was. Irgendwen zu irgendeiner Zeit. Jeder hat doch mal finstere Momente, oder? Selbst wenn seine Unterhemden sauber sind.

Vermutlich ja. Aber vielleicht macht es trotzdem einen Unterschied, wie ich mit Situationen, mit Menschen, mit meinem Leben als Ganzes umgehe, oder?

Bestimmt. Also ganz bestimmt. Aber trotzdem die Frage zurück: Wer bin ich denn deiner Meinung nach?

Der kleinste gemeinsame Nenner?

Ja?

„Bewusstsein". Im Grunde nur das.

Und mein Körper?

Den „bewohnt" dein Bewusstsein. Aber er hat mit dir nicht allzu viel zu tun.

Wie bitte? Mit wem denn sonst?

Also schon mit dir, das ist ja klar. Aber dein Körper hat eben seinen eigenen Energieaufbau. Und die Quelle von dieser Art Bewusstsein bist nicht du. Auch nicht deine Seele.

Wer denn sonst? Aber bitte sage mir nicht, dass das „you know who" ist...

Keine Angst. Der ist es sicher nicht. Nein, die Quelle, der Ursprung deines Körpers, ist die „Erde".

Die Erde? Stimmt, die gab es ja auch noch. Ein weiterer Player in dem Ganzen. Ich habe definitiv weit mehr Fragen als noch zu Beginn des Buches. Dabei habe ich auf das genaue Gegenteil gehofft.

Und was genau wäre das Gegenteil?

Ich dachte: Noch ein Buch, okay, dann habe ich die Welt verstanden. Aber wie ich das jetzt gerade sehe, wird daraus wohl nichts...

Warum wolltest du denn „die Welt" abschließend verstehen?

Damit mal langsam Ruhe einkehrt!

Welche Art Ruhe meinst du denn? Totenruhe?

Natürlich nicht. Ich dachte, ich baue mir mal einen soliden Kenntnisstamm auf und dann, ausgehend davon, gestalte ich mein Leben. So ungefähr.

Aber das kannst du doch.

Ich habe das Gefühl, es wird immer chaotischer! Und dass ich langsam den Überblick verliere...

Und den Halt?

Den gleich mit...

Na schön. Aber was sollen wir machen? Langsamer vorgehen? Abbrechen? Soll ich dir mehr Luft lassen?

Nein. Und ja. Keine Ahnung. Es ist ja schon eh alles zu spät!

Aber was denn genau ist „zu spät"?

Dass ich nicht mehr weiß, wer ich bin! Und bis jetzt hätte ich vielleicht in den Spiegel schauen können, mal einen Blick reinwerfen. Aber das bin ich ja angeblich auch nicht. Das ist ja die „Erde" mit ihrem Körper. Ich könnte verzweifeln!

Nun mach mal halblang. Es ist alles gar nicht so schlimm, wie du es darstellst.

Das impliziert aber automatisch die Aussage, dass es überhaupt „schlimm" ist...

Für dich vielleicht.

Ja, aber ich habe ja auch nur mich! Wenn es für *dich* nicht schlimm ist, Glückwunsch! Davon habe *ich* aber nichts!

Du könntest mich ja als Vorbild nehmen...

Was soll das bringen?! Dann habe ich ja noch nicht einmal mehr einen Körper. Es reicht mir so schon!

Zugegeben. Vielleicht sollte ich dir ganz einfach mal eine Freude machen. Egal wer oder was du aktuell gerade bist...

Pizza Calzone mit allem?!

Ich dachte da eher an etwas mit „Tiefgang"...

Du weißt nicht, welchen „Tiefgang" eine Calzone von Toni erzeugt. Da kannst du die ganze Nacht nicht schlafen!

Dann solltest du sie lieber weglassen. Der Preis ist sehr hoch...

Es geht. 15.- Euro. Wenn du sie selber holst...

Ich meine den dicken Bauch.

Ach so. Aber wie willst du mich denn in Freude versetzen? Von mir aus auch mit Tiefgang?

Ich könnte dir ein klein wenig über deine „Zukunft" erzählen...

Über *meine* Zukunft? Da waren wir ja schon mit der Frage, ob ich denn überhaupt eine habe...

Ich denke schon.

Immerhin. Aber sollte mich das allein schon in Freude versetzen?

Wenn du willst. Ist doch besser, als keine zu haben, oder?

Auf jeden Fall.

Schön.

War es das denn schon? Das „kleine wenige"?

Es kommt darauf an, ob du überhaupt etwas darüber wissen willst.

Gute Frage. Da bin ich gerade etwas zwiegespalten...

Kann ich verstehen.

Aber wenn du sagst, du hättest etwas, über das ich mich freuen könnte, dann könnte ich es doch mal riskieren, oder?

Das könntest du.

Dann sage ich jetzt mal „Ja", aber bitte nur das, was mir auch gefällt!

Das kommt immer darauf an.

Bitte keine Einschränkungen! Es muss absolut sicher sein, dass das gut für mich ist!

Ist es auf jeden Fall. Ich schwöre es dir.

Das hast du noch nie gesagt.

Na also.

Auf der anderen Seite ist aber genau das auch sehr verdächtig...

Was willst du?! Den doppelten Boden unter dem doppelten Boden?

Ja, genau den will ich!

Den gibt es aber nicht. Nicht im Leben allgemein und schon gar nicht bei dir.

Warum erwähnst du das so eigenartig verdächtig?

Weil du deinem Wesen nach jemand bist, der grundsätzlich viele Risiken eingeht, sehr kreativ ist, mit den Gegebenheiten des Lebens umzugehen. Allerdings scheint sich da bei dir ein kleiner „Virus" breitgemacht zu haben, der dich richtig ärgert. Oder anders formuliert: Der dich in deiner Vergangenheit mächtig geärgert hat.

Ach so?

Du warst und bist zum Teil noch der „Verstandesstimme" erlegen. Das ist der Virus.

Habe ich mir schon gedacht. Habe ausnahmsweise mal mitgedacht...

Das ist doch mal was. Habe ich dich etwa aus der Reserve gelockt? Mit meiner Zukunftsgeschichte?

Scheint so.

Umso besser. Dann kannst du ja gleich einmal mitbasteln, an deiner Zukunft...

Du hast davon gesprochen, dass du mir was „Schönes erzählst". Von Mitarbeit war aber nicht die Rede...

Hast du schon Feierabend?

Nein. Ich schreibe gerade das auf, was du mir sagst. Sieht so etwa ein Feierabend aus?

Wie spät ist es denn?

19:20 h.

Das ist normale Arbeitszeit. Was hast du?

Heute ist Sonntag!

Na und? Weißt du, wie meine Arbeitszeit aussieht?!

Es interessiert mich nicht. Sag mir lieber jetzt mal das, was mich wirklich freut!

Na schön. Also, du wirst: ...

Was werde ich?

Du wirst ...

Was denn?!

Es geht nicht ... es klappt nicht.

Wie bitte? Was geht nicht?

Es geht gerade nicht. Es passt gerade nicht. Sorry.

Was wolltest du mir denn sagen? Wenn es mich freuen würde, ist doch alles gut, oder nicht?

Ja, es wird dich wirklich zutiefst freuen. Aber ich kann es dir jetzt nicht sagen. Bitte hab´ Verständnis.

Verständnis habe ich dann, wenn ich es verstehe. Das hier verstehe ich definitiv nicht.

Was ich wiederum verstehen kann. Also vielleicht anders: Ich sage dir etwas anderes, was ich dir eigentlich nicht sagen wollte, dass passt gerade besser. Das geht.

Und was ist das? Klingt nach Trostpflaster...

Ist es im Grunde auch. In diesem Fall. Also: Ich sage es dir und dann machen wir Schluss für heute. Okay? Einfach noch `nen Film schauen, Harry Potter, James Bond, was weiß ich...

Na schön. Feierabend klingt so schlecht nicht. Was ist es denn, was in der „Zukunft" auf mich wartet?

Viel Geld.

Ernsthaft?

Ja.

„Viel Geld" ist aber relativ...

Ich weiß.

Ist es „viel Geld" oder „relativ viel Geld"?

Viel Geld.

Das freut mich jetzt aber tatsächlich.

Dachte ich mir..

Jetzt muss ich es nur noch glauben können...

Das ist deine Sache. Für das Ergebnis spielt es keine Rolle.

Aber wie denn?

Das muss dich gar nicht interessieren.

Aber ist das denn verbrieft? Woher weißt du das denn? Woher kommt es? Wann? Und die letzte Frage: Was soll denn noch besseres kommen als das? Wenn das ein „Trostpflaster" sein soll?!

Wart`s ab.

Guten Morgen.

Guten Morgen.

Na, wie war die Nacht?

Gute Frage. Auf jeden Fall habe ich viel und intensiv geträumt.

Das möchte ich wetten. Was denn genau?

Das möchte ich nicht sagen.

Nicht jugendfrei?

Nein, so nicht. Aber schon privat.

Das müsste nicht so bleiben. Sollen wir dir die Beichte abnehmen? Vielleicht bist du dann erleichtert?

Nein danke.

Na schön. Aber wie fühlst du dich heute Morgen?

Eigenartigerweise befreit. Wie schon seit Wochen nicht mehr.

Na bitte. Dann scheint meine Information gestern ja doch etwas bewirkt zu haben...

Du meinst, ich wäre erleichtert, weil bald das Geld in Strömen fließt?

Nein, das meine ich nicht. Eher das, was ich dir nicht gesagt habe.

Aber wie soll das wirken, wenn ich nicht weiß, worum es sich dreht...

Ganz einfach, weil dein Unterbewusstsein sehr wohl diese Information aufgenommen hat. Und das meiste, über das du träumst, aus diesen Bereichen kommt.

Ich habe aber wirres Zeug geträumt.

Na und. Dann war wenigstens was los. Vielleicht hat das ja die ein oder andere Blockade in dir abgebaut? Hattest du nicht seit Wochen mit deinem unteren Rücken zu tun?

Das ist so.

Und heute ist es besser, nicht wahr?

Auch das ist so. Mein Kreuzbein hat echt lange Spektakel gemacht. Nerv eingeklemmt oder gereizt, was weiß ich. War auf jeden Fall nicht belastbar. Und heute Nachmittag habe ich eine Osteopathie-Behandlung. Mal schauen, wie es mir hinterher geht...

Na da drücken wir aber alle die Daumen, dass der Stephan wieder auf die Beine kommt. Respektive wieder belastbar ist. Er hat ja scheinbar noch einiges vor in seinem Leben...

Scheinbar. Also deiner Voraussicht zufolge werde ich dann wohl demnächst einen Großteil meiner Zeit mit Geldzählen verbringen?

Geld ist für dich nicht wesentlich.

Aber du hast doch gesagt, dass ich viel Geld bekommen werde.

Schon. Das heißt aber noch lange nicht, dass es wirklich wichtig für dich ist.

Aber auch nicht das Gegenteil davon...

Geld ist ja, wie bereits erwähnt, ein Tauschmittel. Und möglicherweise hast du demnächst und auch in den nächsten Jahren, viel zu tauschen.

Was denn?

So allerlei.

Ein Beispiel?

Sicherlich mal ein Haus kaufen.

Ein Haus? Wo denn?

In Italien.

Wie bitte?

Nicht gut? Wäre aber gut.

Aber warum Italien?

Weil du dort deine Energien bestmöglich pflegen und kultivieren kannst.

Meine Energien? Welche denn? Rotwein trinken?

Nein, die nicht. Die sind ja ohnehin schon passé. Ich meine mit Energien deine „Wesensenergie".

Aha.

In dem Sinne, dass du dort, also nicht nur dort, aber gerade dort, besonders leicht die Gefühle, Gedanken und Handlungen wachrufen kannst, die so in der Form in Deutschland nicht möglich sind. Zumindest nicht für dich.

Weil?

Weil jedes Land, jeder Staat, wenn du so willst, seinen eigenen Energieaufbau hat. Und der von

Deutschland macht es eben für dich nicht leicht, das zu aktivieren, was wichtig ist für dich.

Was wäre denn wichtig für mich?

Dein Energieniveau zu erhöhen. Mal ganz allgemein formuliert.

Weil?

Ist das nicht in sich völlig klar?

Damit ich mehr Energie habe?

Schlau kombiniert. Du brauchst mehr Energie. Mehr, als du jetzt hast. Und in Zukunft sowieso.

Nochmal „weil"?

Wenn es stimmt, dass du über deinen eigentlichen Tod hinaus bewusst bleiben willst, dann brauchst du dafür ausreichend Energie. Zwar nicht nur, aber auch. Das ist mal die Basis.

Und was noch?

So dies und das.

Na schön. Ich habe nichts gegen viel Energie. Genauso wenig wie gegen viel Geld und ein Haus in Italien. Aber was soll ich da denn den ganzen Tag machen?

Mit deiner Freundin am Pool rumlungern.

Freundin?

Schon vergessen?

Nein.

Na also. Sex on the beach gefällig?

Wie bitte?!

Ich meine das Getränk...

Ach so. Ja gerne. Warum nicht.

Und eincremen nicht vergessen. Du hast eine empfindliche Haut.

Ich habe keine empfindliche Haut! Meine Haut ist normal.

Na schön. Ich dachte auch eher daran, dass du dich eincremen lässt ...

Ach so. Ja dann. Man kann ja nicht vorsichtig genug sein. Die Sonne ist manchmal unglaublich aggressiv...

Ja, schon gut. Beim Thema „Weiblichkeit" muss man dir immer wieder auf die Sprünge helfen. Aber vielleicht wird das in Italien ja auch besser...

Mit meiner „Weiblichkeit"?

So meinte ich das nicht. Wobei es aber doch so ist...

Was genau?

Du hast ja, unabhängig von deiner eigentlichen Geschlechterzugehörigkeit, in deinem Wesen Persönlichkeitsaspekte, die je nach Art eher

*„weiblich" oder „männlich" sein können. Wenn
du verstehst, was ich meine.*

Bedingt.

*Wenn du, beispielsweise, einen Wesenszug an dir
hast, der zu umschreiben wäre mit: „Es ist ihm
oder ihr wichtig, für andere Menschen da zu sein
und wenn nötig zu helfen, die Dinge wieder ins
Gleichgewicht zu bringen." Dann könnte ich jetzt
die Frage stellen, ob dieser Wesenszug eher
„männlich" oder „weiblich" geprägt ist. Was
denkst du?*

Ich denke tendenziell eher „weiblich".

Warum?

Weil ich „Helfen" eher mit Frauen verbinde. Das
klingt so, als ob es sich um eine Mutter dreht, die
in ihrer Familie alles fit hält...

*Okay. Warum nicht. Aber wenn du dich mal von
der Vorstellung löst, welches Geschlecht der-*

oder diejenige hat? Wie wäre es dann? Bleibst du bei deiner Einschätzung?

Ja.

Na schön. Es ist ja so, dass Frauen und Männer logischerweise ganz verschiedene Wesenszüge in sich tragen, die eben auch bestimmte Merkmale haben. Und wenn du jeden dieser einzelnen Merkmale kategorisierst zwischen „männlich" und „weiblich" und dann auch noch die passende prozentuale Gewichtung einfließen lässt, dann kannst du in der Quintessenz sagen, ob der oder die eher „männlich" oder „weiblich" rüberkommt.

Was meinst du mit der Gewichtung?

Bei dem Beispiel eben gerade: Welche Gewichtung, prozentual, würdest du deiner Einteilung geben?

Also aus dem Gefühl heraus 70 % weiblich, 30 % männlich.

Warum diese Einschätzung?

Weil das reine „Dasein" für andere für mich total „weiblich" ist. Aber du hattest ja auch gesagt, dass dieser Mensch hilft, die Dinge wieder ins Gleichgewicht zu bringen. Das ist für mich mehr aktiv, mehr machend. Und das ist für mich wieder eher „männlich".

Soso.

Habe ich was Falsches gesagt?

Das „Machen" ist für dich „männlich"?

Eher ja.

Aber die Frau, möglicherweise mehrfache Mutter „macht" vermutlich am Tag mehr, als du in deiner abgeriegelten Schreibstube. Schlafend...

Ich wusste, dass es so kommt...

Nicht verzagen. Ich weiß ja, was du meinst. Mutter nährt, Vater geht auf die Jagd. Ist es nicht so?

Früher ja.

Und heute auch noch. Der Mann bestellt so lange Drinks an der Bar, bis er das betäubte Weibchen mit nach Hause nehmen kann.

Hast *du* etwas getrunken?

Ich trinke nicht. Macht keinen Sinn bei mir.

Stimmt. Nachvollziehbar. Aber was erzählst du hier für einen Schmarrn?

Ist es denn nicht so?

Keine Ahnung. Nicht so plump wahrscheinlich. Und im Zweifel trinkt der Mann doch mit, oder? Ist als erstes blau, findet nicht mehr nach Hause und muss das „Weibchen" zurücklassen...

Du scheinst einen breiten Erfahrungsschatz in dir zu tragen.

Tatsächlich nein.

Old Dog - new tricks...

Du schaust zu viel 007.

Du *machst das. Und ich muss immer mitgucken.*

Kannst ja was anderes machen in der Zeit. Mal *anderen* Menschen auf die Nerven gehen.

Das habe ich jetzt nicht gehört! Und mach du mal inhaltlich weiter, du bist mir gerade zu emotional.

?

Ich habe die Sache mit männlich/weiblich näm- lich deshalb kurz ins Spiel gebracht, weil das ja zurzeit das ganz große Ding ist.

Du meinst die „Gendergeschichte"?

Na sicher. Wenn du es so nennen willst.

War nicht meine Idee.

Ich weiß. Aber wenn du das mal aus dieser Perspektive anschaust: Jeder Mensch hat in seinem Wesen männliche und weibliche Aspekte verankert. Und wenn du jemand bist, dem am Wohlergehen anderer Menschen gelegen ist, ihnen Hilfestellungen gibst, wenn sie mal nicht können oder sich verlaufen haben, dann hast du mutmaßlich mehr weibliche Aspekte in dir, als jemand, der eher etwas ganz Neues aufbaut. Anstatt das Alte zu pflegen und zu heilen. Weißt du, was ich meine?

So ungefähr. Aber wenn du sagst „neu aufbauen", meinst du, dass der kein Interesse am „Alten" hat? Er das sozusagen verhungern, sterben lässt?

So ungefähr.

Klingt aber nicht liebevoll.

Ist aber so gemeint. Ich meine damit, als Beispiel, dass so jemand vielleicht keine marode Firma übernimmt, sie wieder hochpäppelt, mit dem, was da ist, sondern lieber aus seiner eigenen Idee heraus eine Firma gründet. Den interessiert das „Alte" nicht, der will etwas „Neues" erschaffen.

Ach so.

Und der oder die hat dann eher „männliche" Energien.

Verstehe. Und da ist es egal, welches Geschlecht du geburtsseitig hast?

Natürlich. Dein Körper ist ja von der Erde erschaffen. Und wenn du mal an dir runter schaust, ich meine ohne Klamotten, dann kannst du in den allermeisten Fällen eine präzise Aussage treffen, als was du geboren wurdest.

Stopp. Und wenn der Mann einen Bierbauch hat? Dann sieht der gar nichts...

Zugegeben. Dann kann er aber immer noch in seinen Pass schauen...

Gut, das wäre Option Nummer 2. Vielleicht sollte er das dann besser direkt machen?

Du kommst ja von deiner Seele. Und in eurem Zusammenspiel ist euch klar, in welchen Körper ihr schlüpfen wollt. Und wenn du irgendwann als Mensch eine andere Idee hast, dann ist es ja in Ordnung. Dann bastel halt an deinem Körper rum, bis es gut und passend für dich ist. Aber auch das ist dann schließlich eine mögliche Sehnsucht, die aus deinem Wesen stammt. Dumm wäre es allerdings, du machst das, obwohl es nichts mit dir zu tun hat. Vielleicht einfach aus einer bestimmten Phase deines Lebens heraus geboren. Check das mal unter dem Aspekt der männlich/weiblichen Energien. Es mag sein, du bist eine Frau, hast den sehnlichsten Wunsch, ein Mann zu sein. Die Frage wäre doch, warum. Dann mag es sein, dass dieser Wunsch sich zunächst auf deine „gelebten Energien" bezieht. Du bist vielleicht Krankenschwester, tendenziell viele weibliche Energien, deinem Wesen nach hast du aber vielleicht mehrheitlich männliche Energien in dir. Du wärest möglicherweise eher jemand, die sich für Schiffsbau interessiert. Nach altem Vorbild. Holzboote, Schleifen, Dreck, Gestank, Konstruktion. Und abends deine Kollegen an der Bar unter den Tisch trinken...

Du hast mich beinahe überzeugt. Schiffsbau klingt spannend...

Also vielleicht erstmal entsprechend mehr männliche oder weibliche Energien leben, dann OP. Aber das kannst du machen, wie du willst. Du bist der Chef.

Oder die Chefin.

Genau.

Was aber, wenn ich das nicht eindeutig rauskriegen sollte, was ich in diesem Leben sein soll. Oder möchte? Wenn in mir ein Sturm tobt und ich gar nichts mehr weiß?

Was würdest du vorschlagen?

Ich habe dich zuerst gefragt...

Was machst du, wenn du nicht mehr weiterweißt?
Wenn es um wichtige Dinge in deinem Leben
geht?

„Die Stimme des Herzens" fragen?

Natürlich.

Stimmt. Aber wenn ich sie nicht hören kann?
Wenn ich keine Übung darin habe?

Dazu komme ich noch.

Na schön. Aber nicht vergessen.

Im Zweifel kannst du mich erinnern. Aber was
denkst du, ist es jetzt erst mal genug mit der „Ge-
schlechtergeschichte"?

Ich war ohnehin nicht besonders scharf auf das
Thema.

Ja, weil es bei dir eindeutig ist. Du hast das Pro-
blem halt nicht. Zumindest nicht damit...

Da bin ich ja froh. Wenigstens ein Thema, was
abgehakt ist.

Du hast eher das Problem „inhaltlich".

Wie meinst du?

Du selbst hast immer „männliche" Energien
gelebt. Allerdings die falschen. Zumeist.

Pech.

Eher Dummheit.

Warum?

Weil du mehrfach die Möglichkeit hattest, speziell
durch deine jeweilige Partnerin, gesunde, männ-
liche Energien zu leben. Keine destruktiven...

Schaut gerade nicht gut für mich aus. Wollen wir
ins Freibad? Wir haben über 30 Grad...

Nix da! Wir ziehen durch!

Sklaventreiber.

Ich will für dich nur das Beste. Und deshalb verrate ich dir mal ein Geheimnis: Wenn du als Mann dich nur an einer Frau abreagierst, geistig und körperlich, dann hilft das deiner Männlichkeit ebenso wenig, wie ihrer Weiblichkeit.

War das jetzt das „Wort zum Sonntag"?

Ist es denn nicht so?

Möglich. Vermutlich.

Sehr sicher. Eine Partnerschaft besteht nicht aus dir und mir, sie besteht aus dir, mir und wir.

Du meinst damit aber jetzt nicht uns beide?

Natürlich nicht.

Habe schon einen Schrecken bekommen.

Aber im Grunde ist es bei uns nichts anderes. Du bist für dich, ich bin für mich, und es gibt ein „wir“...

Ich frage vorsichtshalber jetzt nicht, woraus dieses „wir“ bei uns besteht...

Keine Angst. Bei uns wäre es zum Beispiel unser gemeinsames Buch. Ein, zumindest im Außen, sichtbares Ergebnis unserer gemeinsamen Energien. Ich allein könnte keines schreiben, du auch nicht.

Moment mal: *Ich* könnte schon.

Du alleine? Was denn? Ein Ratgeber über verpasste Chancen?

Beispielsweise.

Also ich denke, es ist klar, was ich damit meine. Es geht darum in einer Partnerschaft die Energien beider Partner zusammenfließen zu lassen. Eure Energiefelder. Und das nach Möglichkeit eben konstruktiv und nicht das Gegenteil davon.

Schon klar. Aber was meinst du denn genau mit „zusammenfließen"?

Wenn du mit deiner Freundin oder deinem Freund eine Partnerschaft unterhältst. Dann machst du das ja nicht einfach, weil du Langeweile hast, du denkst dir ja was dabei.

Ist das tatsächlich immer so?

Üblicherweise. Denn in einer Partnerschaft bist du ja nicht alleine, ergo kannst du möglicherweise gewisse Dinge nicht so frei machen, wie du vielleicht gerade willst. Du möchtest vielleicht kein frisches Unterhemd anziehen, deine Freundin drängt dich aber dazu. Und auch wenn das Unverständnis in dir hervorruft, du fügst dich. Und so gibt es eine Reihe von Dingen, die nicht so laufen, wie es wäre, du wärest alleine.

Die Erkenntnis ist nicht gerade neu.

Moment. Das ist jetzt Physik: Wenn du die Summe aller eurer Energien, die ihr gemeinsam lebt, in einen Topf werft, dann ergibt sich daraus eine

Schnittmenge, die beschreibbar ist. Es gibt einerseits das, was eure eigene Energie ist, und dann ein Gesamtergebnis. Und wenn du jetzt jemand bist, der nach Möglichkeit seine Partnerin auf Abstand hält, der schon Panik bekommt, wenn sie von einer gemeinsamen Wohnung spricht, dann fällt diese Schnittmenge eher dürftig aus. Sie ist aber das Bindeglied, sie hat die Kraft, euch zusammenzuhalten. Sie ist ein eigener Wert in dem Spiel, sie hat eine eigene „Ladung". Und sie ist beschreibbar. Inhaltlich, also qualitativ und auch quantitativ. Bedeutet: Wie hoch ist die Ladung, die Menge an Energie, die dort von Euch eingespeist wurde. Und wenn es mal kracht zwischen euch, was ja eher normal ist, dann entscheidet nicht selten diese Schnittmenge darüber, wie schnell ihr euch wieder vertragt. Oder ob überhaupt. Alles am Ende eine Frage von Energie, also Physik.

Ich stand Physik immer glatt 6.

Na bitte. Dann weißt du ja, warum es zweimal schiefgegangen ist.

Ja endlich! Und ich dachte, es hätte an mir gelegen...

Bist wohl eher musisch veranlagt.

Keine Ahnung. Manchmal, und das meine ich echt ernst, verstehe ich mich selber nicht.

Willkommen im Klub!

Verstehst du dich auch nicht? Das wäre ein Trost für mich...

Ich rede nicht von mir. Viele verstehen sich nicht. Aber das ist eigentlich kein größeres Problem, solange du in Bewegung bleibst. Dumm wird es meistens dann, wenn du dich in eine Ecke hockst und überlegst, wer du denn wohl bist.

Weil? Ich habe schon des Öfteren in einer Ecke gehockt...

Einmal kurz hocken ist okay, einmal reflektieren ist gut, aber dann musst du wieder in Aktion treten.

Womit?

Dich auszuprobieren. Du kannst das allermeiste nicht im Kopf abwickeln. Du kannst dir nicht überlegen, wie es ist, mit einem Segelschiff über den Atlantik zu segeln. Wenn das interessant wäre für dich, musst du das tun. *Und dir nicht pausenlos die Frage stellen, welche Argumente wohl dagegen sprechen könnten...*

Skorbut?

Was auch immer. Es lässt sich immer ein plausibler Grund finden, warum es besser ist, dir einen Herzenswunsch nicht *zu erfüllen.*

Wohl war.

Manche Menschen leben, als ob sie ewig leben würden.

Aber du hast doch gesagt, dass es möglich ist...

Ja schon. Aber dieses Leben, in diesem Körper, lebst du nur ein einziges Mal. Und wenn du sagst, dass du im „nächsten" Leben das, was du hier nicht geschafft hast, wofür du eine schöne Ausrede hattest, nachholen wirst, dann mag das im Prinzip möglich sein. Allerdings wirst du dich nicht erinnern, wer du dann in diesem Leben sein wirst. Du wirst dich dann mit einem anderen Leben identifizieren. Und deshalb ist es Quatsch auf das nächste Leben zu hoffen, es wird nie für dich existieren.

Aber dann haben zum Beispiel die Buddhisten Recht, wenn sie vom nächsten, von mehreren Leben sprechen?

Im Prinzip ja. Wie erwähnt. Allerdings fließt dein Leben, deine individuelle Energie ja erst wieder zu deiner Seele zurück, nachdem du dieses Leben inhaltlich, lerntechnisch abgeschlossen hast. Und wenn das passiert, dann „saugt" dich deine Seele wieder auf, du wirst wieder groß und weit und verschmilzt mit ihr. Das bedeutet aber gleichzeitig, dass beim nächsten „Versuch" du dein Leben, was du zuvor geführt hast, nicht mehr erinnerst. Deine Seele schon, du aber nicht. Oder kannst du dich jetzt gerade an alle deine Leben erinnern, die du geführt hast, gerade führst und noch führen wirst?

Ich erinnere mich noch nicht einmal an Vorgestern.

Weil du wieder betrunken warst?

Nein, das ist dafür gar nicht nötig...

Na schön. Vielleicht war es auch nur ein beliebiger Tag ohne Erinnerungswert.

Wahrscheinlich. Und ja, ich sollte jeden Tag mit Dingen füllen, die mich berühren. An die ich mich erinnern kann. Wolltest du das sagen?

Nein. Tatsächlich nicht. Aber wenn du es schon erwähnst, hast du natürlich recht.

Aber warum hast du gerade gesagt, an „alle" Leben, die ich „jetzt" gerade führe? Ich führe genau jetzt doch nur dieses eine hier. Oder?

Nein, nicht wirklich.

Wie denn?

„Du" hast, meistens parallel, also in der gleichen Zeitspur, mehrere Leben. Vielleicht nur ein weiteres, vielleicht aber auch mehrere. Gerade wie interessant es deine Seele findet, in dieser Zeitqualität, mehrere Erfahrungen gleichzeitig zu machen.

Wie die Zwillinge?

So ungefähr. Aber bei den Zwillingen ist es ja so, dass sie in der gleichen Familie geboren werden, sich sozusagen das gleiche Umfeld teilen. Das ist etwas anderes, als wenn du ein Parallelleben irgendwo im brasilianischen Urwald hast, noch eines in Moskau und noch eins...

...als Würstchenumdreher in einer Pommesbude in Essen?

Womöglich. Wäre aber wohl sinnlos.

Wäre Gera vielleicht besser? Oder einfach fehlendes Talent?

Wahrscheinlich beides. Es ist ja so, dass die Erfahrungen, die deine Seele mit ihren vielen Leben macht, einem bestimmten Zweck dienlich sind. Und die Leben entwirft sie danach, welche Erfahrungen sie machen möchte. Welches Gesamtbild entstehen soll. Und ausgebaut werden soll. Und dementsprechend bekommst du das in deinen „Wesensrucksack" gepackt und mit ein wenig Glück machst du so die ein oder andere nützliche Erfahrung, um das Gesamtbild deiner Seele zu komplettieren. Und wenn du dich zu dusselig anstellst, wenn du dich hoffnungslos verlaufen hast, ruft sie dich eben wieder zurück.

Wie denn? Etwa nach dem Motto: „Komm endlich rein, es ist nach sechs! Essen wird kalt, Hausaufgaben warten und mach ja den Flur nicht dreckig!"?

Ja. Genau so. Und wenn du Glück hast, gibt sie dir zur Warnung noch das ein oder andere Signal. Dass ihre Geduld langsam gegen null geht.

Wie könnte das denn aussehen? Nintendo wegschließen?

So ungefähr. Sie könnte dir tatsächlich eines deiner „Lieblingsspielzeuge" wegnehmen.

Was könnte das sein?

Geld. Oder dein geliebtes Auto. Deinen Job, deinen Urlaub platzen lassen. Die Möglichkeiten sind unbegrenzt. Je nachdem, mit was oder wem du dich gerade „verwickelt" hast.

Schon wieder dieses Wort...

In dem Sinne gemeint, dass du dich, natürlich angestiftet durch die „Stimme des Verstandes", um Sachen kümmerst, die mit deiner Aufgabe, mit deinem Wesen, überhaupt nichts zu tun haben. Dich sozusagen blenden oder ablenken. Stichwort: „Gier".

Ist das nicht das Gleiche?

Von mir aus. In jedem Fall hast du dich, angetrieben oder beraten von dieser „Stimme", in eine Situation manövriert, aus der heraus du nicht mehr in der Lage bist, dein Wesen zu leben, deine Aufgabe wahrzunehmen.

Weil?

Weil du schon zu viel Energie verloren hast.

Beispiel?

Wenn du möglicherweise jemand bist, dessen Eltern nie Geld hatten, die immer kratzen muss- ten, sich wegen jedem Cent gestritten haben, dann mag es sein, dass dein „Verstand" dir sagt: „So mit mir in Zukunft aber nicht! Ich werde sehen, dass ich so viel Geld habe, dass es mir zu den Ohren rauskommt. Und meine Kinder werden nie auf irgendetwas verzichten müssen, was in Verbindung mit Geld steht!" So ungefähr klar?

Und weiter?

Dann macht der Kerl los und alles, an was er seitdem denkt, ist: „Geld machen". Und das kriegt er auch irgendwie hin, gründet eine Firma oder ist vielleicht bei einem Unternehmen, was exquisite Löhne zahlt, spekuliert parallel erfolgreich an der Börse. Nun mit 40, er hat inzwischen eine Familie und kleine Kinder, hat er sein Ziel erreicht. Er hat so viel Geld gemacht, dass niemand in der Familie auf irgendetwas verzichten muss. Und ich denke, da klingelt es bei jedem: Hat er vergessen oder es nicht gelernt, dass zu einer Familie nicht nur die materielle Sicherheit gehört? Stimmt das?

Wohl wahr.

Und was macht der Kerl?

Keine Ahnung.

Er macht weiter! Nicht weil er übermäßig glücklich ist, sondern weil er nichts anderes kann. Er kann nicht mit seinen Kindern spielen, mal Quatsch machen. Und wenn er doch mal mit ihnen zum Spielplatz geht, dann hat er ständig das Handy an, um nach den Börsennotierungen zu schauen. Und was machen seine Kinder dann?

Sie bewerfen ihn mit Sand?

Natürlich. Weil sie ihren Papa wieder haben wollen! Oder überhaupt erstmal. Weil bei dessen Geburt war er ja auch nicht dabei - ein wichtiges Meeting. Und was passiert dann?

Er rastet aus?

Natürlich. Aber wenn das nicht reicht, seine Aufmerksamkeit zu binden, dann hilft irgendwann seine Seele nach. Und das ist dann nicht immer lustig. Die ist nämlich kompromisslos, wenn es um ihre Energie geht.

Na schön. Dann hat er wohl alles verkehrt gemacht? Und ich will gar nicht fragen, wie diese Geschichte ausgeht...

Wie du willst. Deiner Fantasie sind da keine Grenzen gesetzt. Wir begreifen unsere Seele ja immer als etwas Externes, etwas Abgehobenes. Zu der keine Verbindung besteht. Das ist allerdings völliger Unsinn. Mal abgesehen davon, dass wir ja unsere Seele sind, nichts an uns ist außerhalb von ihr, hat sie die vollkommene Macht über uns.

Klingt bedrohlich.

Auf den ersten Blick vielleicht. Aber für wen klingt das zunächst wohl bedrohlich?

Na für mich...

Ja, aber es ist in erster Linie bedrohlich für die „Stimme des Verstandes". Die es gerne „sicher" hätte, ewig auf der Bremse steht, sobald die Fuhre mal ein kleines Stück rollt. Wenn du dich mit dieser „Stimme" identifizierst, dann ist es in der Tat bedrohlich. Für sie und für dich gleichermaßen. Aber vergiss bitte nicht, diese „Stimme" ist ja gleichzeitig der Gegenspieler der anderen „Stimme"...

Die des „Herzens".

Genau. Im Grunde das, was dir deine Seele gerne ans Herz legen würde, du es aber allzu oft nicht verstehst oder hören kannst. Falsche Frequenz. Es ist nur so: Das, was von dort kommt, hat den „absoluten Überblick" über dein Leben. Und nicht nur über deines, auch über das Leben all

jener Menschen, die dir nahestehen. Also viel-
leicht dein Partner, deine Kinder und so weiter.
Und aus diesem „Überblick" heraus gibt sie ihre
Informationen, Impulse und Ratschläge. Und
wenn das in reiner Form so bei dir ankommt,
kannst du dir sicher sein, dass dieser Rat nicht
nur gut ist für dich, sondern gleichermaßen auch
für dein Umfeld, deine Familie. Selbst wenn es
ein Rat sein sollte, der zunächst für keinen von
euch Sinn macht. Und warum macht er keinen
Sinn? „Sinn" ist eine Konstruktion aus deinem
Verstand. Eine logische Abfolge ergibt zum Bei-
spiel Sinn: „Geld verdienen, Familie gründen,
Haus bauen, sterben." Das ergibt Sinn. Aus Sicht
des Verstandes. Hier allerdings, im Bereich des
„Herzens", ist die Sinnhaftigkeit eine ganz
andere. Diese Art von „Sinn" ist nämlich immer
„Wachstum", „Steigerung von Bewusstsein" und
„Energie". Für alle. *Nicht nur für dich. Her-*
zensentscheidungen sind immer liebevoll zu dir
selbst und anderen Menschen, die mittelbar und
unmittelbar davon betroffen sind. Verstanden?

Natürlich. Easy.

Und was machst du dann im Falle der „Atlan-
tiküberquerung"? Machen oder nicht machen?

Machen.

Sehr gut.

Und was ist, wenn Oma traurig ist, dass ich dann
auf ihrem Geburtstag nicht da bin?

Dann sagst du: „Oma, ich habe dich wirklich
lieb. Aber dein Enkel muss ins Abenteuer! Sonst
stirbt er. Und dann ist er die nächsten Jahre auch
nicht auf deinem Geburtstag."

Sie wird mir sicher ein Stück Torte aufheben.

Natürlich wird sie das.

Mir gefällt nur nicht deine Art, wie scharf du
immer die möglichen Folgen beschreibst...

Dachte ich mir. Nur: Ich mag es deinem zarten
Geist, deinem Geschmack zufolge vielleicht zu
absolut beschreiben. Aber deine Seele denkt

genau so. Die ist kompromisslos liebevoll. Wenn das Maß voll ist, dann passiert halt was. Das ist nicht wie unter Menschen, die sich gegenseitig etwas zumauscheln, die sich gegenseitig beim Bierchen beruhigen, dass alles doch gar nicht so schlimm ist, nach dem Motto: „Kopf hoch, wird schon“, „es hät doch immer noch jot jejange“, „nun mach mal halblang, morgen ist auch noch ein Tag“, „warum willst du denn ein solches Risiko eingehen?“ „Hier ist es doch auch ganz schön, du hast doch alles, was du brauchst“, „natürlich ist deine Frau nicht der Hit, aber versuch mal eine andere zu kriegen“, „natürlich trägt dein Mann immer diese schmuddeligen Unterhemden, aber manche Männer haben gar nichts an!“ Lalülala. Wenn du weißt, was ich meine. Von Menschen, die mit ihrem Leben nicht wirklich etwas anfangen können, die ihre Ziele im Leben dem Massenbewusstsein anpassen, von denen wirst du nie hören: „Jetzt beweg mal deinen Arsch! Natürlich gehst du auf diese Reise! Und ich hoffe, sie macht dich zu einem anderen Menschen! Komm ja nicht auf die Idee, hier in ein paar Monaten als der aufzulaufen, der du jetzt bist! Dann schicke ich dich sofort wieder los..."

Na, das kommt bestimmt nicht bei jedem gut an...

Der Mann von eben, der dem Geld hinterher gejagt ist, hat ja eines durcheinander gebracht, einfach falsch zusammengesetzt: Natürlich ist es Mist, wenn du zu wenig Geld hast, aber die Logikkette „Geldmachen" greift eben zu kurz. Geld machen und gleichzeitig für andere da sein, das wäre die richtige Antwort gewesen. Weil Geld, isoliert als solches, keinen oder kaum Wert hat. Geld ist nicht wesentlich in sich, für niemanden. Es kann zwar Ausdruck von einem hohen „Fremdwert" sein, den du für andere hast, der ja auch über gewisse Sehnsüchte in deinem Wesen verankert sein kann, aber einfach nur Geld um des Geldes willen ist Quatsch. Das ist „Gier". Da fehlt dann der passende Tauschwert. Der zu deinem Wesen passt. Alles andere ist Energieverschwendung. Deiner Ressourcen, die du für das Geld opferst. Das meine ich eben mit „Gier". Wenn auch eher eine versteckte, verschleierte „Gier" nach Geld in dem Fall.

Aber dann ist die Seele ja der „Teufel", wenn sie den Geldhahn zudreht? Ich bekomme es dann ja mit der Angst...

Nein. Denn der Fall ist dann ja erledigt. Die Seele „macht", der Teufel „droht". Er will keine Fakten schaffen, er will nur mit Fakten, mit Konsequenzen „drohen". Und warum macht er es so?

Er will mich in Angst und Schrecken versetzen?

Er will seine Kuh solange melken, wie es geht. Wie sie Milch gibt. Er füttert „seine Kuh" aber auch nicht, gibt ihr keine Energie. Die darf gerne weiterhin von deiner Seele kommen. Dieser Teil wird eher sagen: „Wo kommen wir denn da hin, einen solchen Aufwand zu betreiben. Ich saug dich aus und fertig." Und was macht dann deine Seele, um rechtzeitig deine Milch, dein Leben zu retten? Sie befreit die Kuh aus dem Stall. Dann kannst du wenigstens deine Milch behalten und hast im Zweifel noch ausreichend Energie, von vorne anzufangen. Der „Teufel" lässt die Kuh im Stall sterben. Er räumt noch nicht einmal den Kadaver weg.

Schlimmer Finger.

Sehe ich auch so. Zwar clever, aber nicht liebe-voll.

Na schön, aber wenn ich das alles so höre, dann beschleicht mich irgendwie ein mulmiges Gefühl. Dass ich jeden Augenblick von meiner Seele „überrascht" werden kann. Dass sie etwas mit mir vorhat, was ich nicht so toll finde.

Das sind deine Gedanken, solange du glaubst, auf der „richtigen Seite" zu stehen, es aber nicht tust. Würdest du mit dir und deinem Leben im Reinen sein, dann bräuchtest du dir gar keinen Kopf machen.

Aber woher weiß ich denn, ob ich mit meinem Leben im Reinen bin? Ob ich gerade einen Weg gehe, den meine Seele im Zweifel mitträgt? Vielleicht sogar aktuell unterstützt?

Gute Frage.

Und was wäre eine gute Antwort?

Es gäbe viele gute Antworten...

Eine würde mir reichen. Oder stopp: Wenn ich schon die Wahl habe, dann nehme ich die, die für mich die Passenste ist...

Du meinst eine, bei der du nur minimal nachdenken musst?

So würde ich das jetzt nicht formulieren.

Du könntest zum Beispiel deine Seele rein praktisch fragen, wo du gerade stehst. Oder noch einfacher, wenn du mutig genug bist, ob du dir Gedanken über deinen Fortbestand machen solltest.

Rechtzeitig eine Sterbeversicherung abschließen? Aber wäre das denn nicht wiederum die „Stimme meines Herzens", die ich da fragen würde?

Richtig.

Aber wo ist der Unterschied?

Dass du darum bittest, nicht im „Innen" einen Impuls zu bekommen, sondern im „Außen"...

Heißt so viel wie?

Der „innere Impuls" wäre eben, dass diese „Stimme" zu dir spricht. Das könnte aber vielleicht nicht ganz so einfach sein, sie wahrzunehmen, wenn du keine Übung hast. Die andere, äußere Form wäre die, dass du einen Impuls im „Außen" bekommst. Man könnte vielleicht hier auch von einer „inneren" und „äußeren Intuition" sprechen.

Und wie könnte das passieren? Oder was könnte da passieren?

Im Grunde alles, was du dir vorstellen kannst. Oder eben auch nicht. Die Palette an Möglichkeiten ist ja beinahe unendlich.

Gib mal ein Beispiel...

Also, du könntest vielleicht abends vorm Einschlafen das Folgende zu deiner Seele sagen:

„Schau mal liebe Seele, ich habe hier leichtsinnigerweise in ein Buch hineingeblättert, worin steht, dass du auch mal Sachen machst, die mir vielleicht nicht so gut gefallen könnten. Ich habe jetzt ein bisschen Angst, dass ich nicht auf meinem richtigen Lebensweg bin. Eigentlich fühlt sich das meiste ganz gut an, was ich mache, aber vielleicht bin ich ja völlig auf dem Holzweg. Weil ich gewisse Dinge nicht spüre, die wichtig für mich sein könnten. Und deshalb hier meine Bitte: Kannst du mir nicht mal ein Signal, einen Hinweis schicken, wo ich so stehe? Oder ob es sogar ernst ist, ich vielleicht dringend etwas verändern sollte? Ich hoffe, es ist alles gut soweit, aber wenn nicht, dann bin ich gewillt, etwas zu verändern. Um mein Leben sinnvoller zu gestalten. Ich schaue mal, dass ich die nächsten Tage besonders auf meine Umgebung achte, vielleicht begegnet mir ja irgendetwas, was ungewöhnlich ist. Nicht normal. Dann weiß ich, dass das ein Zeichen sein könnte. Und dann würde ich mich diesbezüglich noch mal bei dir melden. Schon mal vorab Danke für deine Mühe."

„Gute Nacht".

Ja. So viel Höflichkeit muss sein.

Und dann Augen auf die nächsten Tage?

Alle Sinne auf! Du beginnst im Grunde zu beobachten, was komisch sein könnte, was ungewöhnlich ist. Und das können Situationen sein, die deine Aufmerksamkeit erregen, neue Menschen, die in dein Leben kommen und etwas erzählen, was dich vielleicht aufhorchen lässt. Im Grunde bist du dabei, dein komplettes äußeres Leben wie eine „Bühne" zu betrachten. Du bist für dich selber dein eigener Beobachter, allerdings nicht in dem Sinne, dass du auf irgendetwas reagierst, sondern du sagst dann einfach nur?

„Aha"?

Richtig. Wie ein erstauntes Kind, das sich über das Leben wundert. Über möglicherweise seltsame „Zufälle" und Wendungen. Oder auch ein Steuerbescheid mit einer deftigen Nachzahlung? Was würdest du dazu sagen?

„Scheiße"?

„Aha". Oder auch: „Putzig". Um etwas Humor mit einfließen zu lassen.

„Putzig" würde aber in dem Fall nicht wirklich meinem gegenwärtigen Gefühl entsprechen...

Das macht nichts. Dann kannst du gleich mal lernen, nicht mehr automatisch mit einem Gefühl zu reagieren.

Schön wär`s.

Was passiert, wenn du schlechte Gefühle hast?

Ich verliere Energie.

Und möchtest du das?

Natürlich nicht.

Dann sorge dafür, dass du am besten nie wieder automatisch reagierst. Oder hast du soviel Energie, dass du es dir erlauben kannst, sie zu verschleudern?

Nein.

Oder gehst du nachmittags mit einem Bündel Geldscheine durch die Fußgängerzone und lässt alle 10 Meter eine Note fallen? Weil du einfach nicht mehr weißt, wohin damit?

Ich mache das tatsächlich ab und an...

Deshalb ist wohl auch finanzielle Ebbe bei dir...

Scheinbar.

Viele Menschen sind so knauserig mit Geld! Aber wenn es um schlechte Gefühle geht, sind sie ganz vorne dabei. Deshalb haben sie auch immer zu wenig Energie und versuchen, sie ständig von denen zu klauen, die noch etwas mehr haben.

Wenn ich einen von denen erwische...

Vielleicht hättest du damals lieber zur Abteilung „Energieräuber" gehen sollen. Das hattest du wohl nicht ausprobiert?

Dieses Dezernat gab es damals noch nicht.

Na schön. Aber verstanden?

Halbwegs. Weil es doch völlig normal ist, „automatisch" zu reagieren...

„Normal" bedeutet in diesem Fall auch gleichzeitig „dumm"...

Und wie soll ich mir das abtrainieren?

Indem du dir sagst, dass alles, was du im Außen erlebst, dein „eigenes Werk" ist. Und auch wenn du es nicht begreifst, warum dir gerade jemand die Vorfahrt genommen hat, musst du doch nicht automatisch durchs Fenster brüllen, dass du auf diesem Planeten noch nie einen so armseligen Autofahrer gesehen hast!

Was denn sonst? Ist meine Spezialität. Im Grunde warte ich auf solche Situationen...

Du solltest deine „Kreativität" mal lieber für was anderes gebrauchen. Aber vielleicht fällt dir, während du gerade am brüllen bist, gar nicht auf, dass dem die Tränen in den Augen stehen. Er unaufmerksam war, weil er gerade seinen Job verloren hat und nicht weiß, wie er die nächste Rate für sein Haus bezahlen soll. Weil dein Bedürfnis, dich aufzublasen, eben größer war...

Stimmt schon. Dann würde ich mich wohl in Grund und Boden schämen...

Mit Recht. Aber vielleicht siehst du es mal grundsätzlich so: Wenn Menschen etwas machen, was dich vielleicht nervt, dir möglicherweise sogar schadet, dann selten deshalb, weil es ihnen gerade so unglaublich gut geht in dem Moment. Eher das Gegenteil davon. Bevor du das nächste mal losposaunst, jemanden an der Theke das Glas ins Gesicht drücken möchtest, dann kannst du vielleicht ein oder zwei Sekunden deiner wertvollen Zeit opfern, Luft holen, und dann sagen:

„Aha". „Putzig".

Genau. Und dann schaust du dir die Situation einmal genauer an, vielleicht sogar aus dem Blickwinkel des Anderen. Dessen Freundin gerade mit ihm Schluss gemacht hat. Oder du schaust es aus dem Blickwinkel deines „Neutralen Ichs" an, das sich fragt, ob das vielleicht ein „Zeichen" deiner Seele sein könnte. Und wenn ja, welches. Dafür kannst du deine gesparte Energie dann bestens einsetzen.

Und wenn ich so viel Wut in mir habe, dass ich kurz vorm Platzen bin?

Dann versuchst du, sie möglichst neutral abzulassen. Du hast schon Recht, es gibt immer mal wieder Situationen, in denen du wirklich fast platzt. Dann muss das erstmal weg, weil es sonst in deinem Körper Schaden anrichtet. Aber eben dich nicht komplett verausgaben, nur einmal kurz und heftig Dampf ablassen.

Rumbrüllen? Mein Auto anbrüllen?

Warum nicht.

Wild um mich schlagen?

Wenn du keinen triffst. Dich eingeschlossen. Warum nicht. Versuch nur nicht, diese Energie gegen jemanden zu richten, über den du dich vielleicht geärgert hast.

Ich soll alles schlucken?

Nein. Du sollst nur die erste Wucht nicht gegen ihn richten. Hinterher, wenn du die Situation reflektiert hast, gehst du zu ihm hin und klärst die Sache.

Wie? Schwitzkasten?

Nein. Der Situation angemessen. Wenn dich jemand, vielleicht aus dem Stand, an der Bar beleidigt hat, dir ohne Anlass gesagt hat, dass du nicht so dämlich schauen solltest, er würde dir sonst eine reinhauen, dann könntest du hinterher völlig ruhig zu ihm hingehen und beispielsweise sagen: „Schau mal ich weiß nicht, was du mit mir hast. Ich habe jedenfalls nichts gegen dich. Für deinen Frust kann ich allerdings nichts. Und ich musste mich gerade schon ziemlich beherrschen, dass ich nicht der erste war, der zugeschlagen hat. Aber ich bin froh, dass ich es nicht getan habe. Weil es mir manchmal auch so Scheiße geht, dass ich unkontrollierbar bin. Und vielleicht sollten wir es jetzt auch dabei belassen."

Schade. In Cowboyfilmen endet das immer ganz anders.

Ich weiß. Die „Rollen" sind aber meistens dieselben.

Ich bin der Stärkere?

Nein ich!

Das wollen wir doch mal sehen!

Ich denke, bei uns ist der Fall eher eindeutig.

Warum? Du hast noch nicht einmal einen Körper, du Lusche.

Na eben. Deshalb ja.

Verstehe ich nicht.

Wenn ich einen Körper hätte, wäre ein Großteil meiner Energie auch an diesen gebunden. Und das würde mich automatisch schwächer machen.

Warum?

Weil du hier auf der Erde in so viele Umstände verwickelt bist, die deine Lebensenergie binden.

Welche?

Dein Körper braucht Aufmerksamkeit. Deine Freundin braucht Aufmerksamkeit. Deine Kinder brauchen sie und deine Freunde auch. Du musst Geld verdienen, dir überlegen, wie du zurande kommst mit allem. Du hast noch nicht einmal einen klaren Draht zu deiner Quelle, die dir exakt sagen könnte, wo Energie für dich zu finden wäre. Stattdessen hast du einen neuen „Freund", deinen „Verstand", der dir sagt, wo sie nicht zu finden ist. Und deshalb bin ich der Stärkere. Weil ich mehr Energie habe als du. Und damit zwingend mehr Übersicht.

Aber nur etwas.

Wesentlich mehr. Sehr viel wesentlich mehr...

Schon gut. Lass mich in Ruhe!

Nicht traurig sein...

Ich bin nicht traurig, ich bin wütend!

Auch das nicht bitte. Ich bin ja bei dir, damit du es schaffst...

Was genau? Mehr Energie?

Das auch.

Was noch?

So ziemlich alles.

Komm, das klingt ja, als wäre ich jetzt völlig hilflos, behindert und minderbemittelt.

Bist du doch auch.

Wie bitte?!

Du schaffst es doch noch nicht einmal, dir eine Freundin zu suchen.

Muss ich auch nicht. Ich habe nämlich schon eine!

Ach ja? Und wo ist sie?

Keine Ahnung. Ist das so wichtig?!

Eigentlich ist der Sinn, wenn du schon eine Freundin hast, auch zu wissen, wo sie sich aufhält. Oder manchmal aufhält. Vielleicht sogar manchmal in deiner Nähe? Oder wofür sind Freundinnen da?

Wenn du es nicht weißt! Du hast doch das Ganze angestiftet. Dieses „Freundinnenchaos"...

Das ist gar kein „Chaos". Das ist eindeutig, klar und easy.

Sehe ich nicht so.

Weil du es einfach nicht raffst. Weil du noch nicht einmal fähig bist, in deine eigene Zukunft zu schauen.

Warum wohl nicht?! Ich kann es dir sagen: Ich habe „Zukunft lesen" im Unterricht geschwänzt!

Sieht dir ähnlich. An Physik erfolglos teilnehmen, aber „Zukunft lesen" schwänzen...

Ich hatte damals nicht den Weitblick wie heute...

Scheinbar. Aber das geht anderen ja auch so: Das Unwichtige wichtig nehmen und das Wichtige für unwichtig erklären. Weißt du, wer so vorgeht?

Inzwischen weiß ich es tatsächlich.

Und?

Die „Stimme meines Verstandes". Haben wir jetzt lange genug auf ihr rumgetreten? Sie tut mit fast schon leid.

Ich weiß. Und das Ganze nennt sich dann „Selbstmitleid"...

Ich mag es nach wie vor nicht, wenn du so oberlehrerhaft daherkommst.

„Aha". Wenn du deine eigene Wahrnehmung von der Zukunft hättest, dann bräuchtest du mich nicht immer fragen. Und müsstest mir im Zweifel vertrauen, dass das, was ich dir sage, der Wahrheit entspricht.

Was ist denn die „Wahrheit"? Ich dachte, es gibt kein Schicksal, keine vorgegebene Zukunft...

Davon habe ich auch nicht gesprochen. Die Wahrheit ist die Wahrheit. Die Realität.

Dann gibt es eine „Realität" in der Zukunft?

Natürlich.

Eine Realität, wie hier meine Realität, in der Gegenwart, die ich hier real erlebe? Jetzt gerade?

Natürlich.

Kann ich mir nicht vorstellen.

Weiß ich. Aber was kann ich tun, um deine Vorstellung zu erhellen?

Es mir erklären?

Na schön. Aber wo soll ich bei dir anfangen? Im Urschleim?

Das, was du über die Zukunft im ersten Buch gesagt hast, das weiß ich ja. Also eben das danach...

Ich habe fast nichts über die „Zukunft" gesagt. Lediglich, dass sie in der aktuellen Gegenwart ihre Quelle hat. Also aus ihrer Sicht in der Vergangenheit.

Na dann ab dort. Du hattest gesagt, dass all das, was wir in uns tragen, also unsere Energien, durch Zeit und Raum „strahlen" und dort die Zukunft zusammensetzen und aufbauen.

Richtig.

Und wie weiter?

Deine Gedanken, Gefühle und deine Weltsicht im Allgemeinen sind ja im Grunde nichts anderes als „Energie". Geistige Energie. In einer bestimmten Qualität. Und diese Gegenwart hier, das alles um dich herum, ist ebenfalls nichts anderes als Energie. Eine Energie, die durch bestimmte Gesetzmäßigkeiten, auf eine bestimmte Art, zusammengesetzt ist. Du hast also die Energie in „Qualität" und in „Quantität".

Hä?

Die „Qualität" ist zum Beispiel ein bestimmtes Gefühl, was du aktivierst und abstrahlst, vielleicht das Gefühl von „Leichtigkeit". Und die „Quantität" ist ihre Ladung. Wie stark dieses Gefühl aufgeladen ist.

Du meinst hinsichtlich der Intensität?

*Genau. Du kannst ein Gefühl ganz schwach füh-
len, wie einen Hauch, oder du kannst ein Gefühl
so aufbauen, das es eine immense Ladung hat.
Dich das Gefühl vielleicht vollständig einnimmt.
Du nur noch dieses Gefühl hast und denkst, du
wärest dieses Gefühl.*

Das habe ich immer dann, wenn Schalke ein Tor
schießt. Dann ist das so intensiv wie nichts sonst.

Weil es so selten vorkommt, gell?

Das war ein Spaß.

*Na gut. Aber ich denke, jeder Mensch wird des
Öfteren von Gefühlen so überwältigt, dass nichts
anderes noch fühlbar ist. Leider sind das oftmals
auch Gefühle, die ich gar nicht fühlen möchte.*

Die „Zwanghaften"?

*Ja. Aber egal, es geht ja darum, das Prinzip zu
verstehen. Also „Qualität" und „Quantität" ist
hoffentlich klar. Wenn diese Energie von dir
abgestrahlt wird, dann ist es auf der Erde so*

aufgebaut, dass dieses „Ladungs-Paket" eben durch die Zeit und den Raum fließt.

Wohin?

Im Grunde wird ohne deine Kenntnis woanders eine „parallele Wirklichkeit" aufgebaut. Die du zumeist aber erst dann realisierst, wenn sie dir gezeigt wird.

Gezeigt? Ich erlebe sie doch, bin dabei als Beteiligter. Ich schaue doch keinen Film...

Im Grunde hast du das Gefühl, du erlebst das in der „Realität", aber es ist gleichzeitig auch ein Film. Allerdings ein physisch dreidimensionaler. Du kannst dich mit diesem Film dann verwickeln, über ihn schimpfen, darüber, dass der Regisseur wohl den langweiligsten Streifen ever gedreht hat und fängst in der Vorstellung schließlich an zu pöbeln und mit Popcorn zu werfen.

Aber der „Regisseur" bin ich doch selbst, oder?

Natürlich. Aber wenn du mit dem Film verwickelt bist, fällt dir das gar nicht auf.

Warum merke ich das dann nicht? Stichwort: „Verwicklung"?

Weil du das, was du erlebst, nicht mit deinen eigenen Handlungen in Verbindung bringst. Deshalb denkst du, jemand anderes hätte diesen Film gedreht. Den du dir nun notgedrungen anschauen musst.

Ich will dann sofort mein Geld zurück!

Kannst du ja versuchen. Dann gehst du vor zur Kasse, da sitzt dann deine Seele, die dir droht dich rauszuschmeißen, wenn du dich nicht benehmen kannst.

Und mein Geld?

Dein Geld, deine Energie, behält sie ebenfalls.

Winwin.

Für sie ja, für dich nicht. Du verlierst alles, was du hast.

Was habe ich denn?! Mein Körper gehört der Erde, meine Energie angeblich meiner Seele. Und mein Bewusstsein auch. Scheint so, dass ich ziemlich dumm darstehe...

Nicht ganz.

Wie denn?

„Dein" Bewusstsein teilt ihr euch. Zumindest so lange, wie du bewusst bist. Solange du dich erinnerst, „Stephan" zu sein...

Und wenn das nicht mehr ist? Bin ich dann Kurt oder Fritz? Oder Ernie und Bert?

Dann bist du gar nichts mehr. Hatten wir doch schon besprochen. Du gehst in deiner Seele auf, wirst wieder ein Teil von ihr und dein Leben als „Stephan" ist Geschichte.

Geschichte? Keine Zukunft?

Nein, in dem Falle nicht.

Das wäre aber dumm.

Sagst du.

Ja, sage ich. Und das meine ich auch so!

Na dann...

Was dann?

Tu was dafür, dass „Stephan" eine Zukunft bekommt! Über seinen Tod hinaus. Dass du irgendwann den Körper verlässt, ist klar, aber wenn du nicht weißt, was dann kommt, wenn du dich dem üblichen Prozess hingibst, landest du wieder bei deiner Seele. Was im Übrigen ein gewaltiger Vorgang ist.

Was meinst du?

Wenn du dich den Bereichen deiner Seele näherst, dann zieht sie dich sozusagen durch ihre „Liebe" an. Das ist das „vollkommene Resonanzprinzip".

Es gibt kein Größeres. Und das ist dann ein Zustand, den du sicher nicht beschreiben kannst, nur erleben kannst. Wenn du wieder in ihre „Liebe" eintauchst, dann würde dich nichts und niemand mehr überreden können, nicht *dorthin zu gehen. Oder gar noch mal zurück auf die Erde zu wollen.*

Nicht mal eine Calzone mit allem? Eine Paella vielleicht?

Lange nicht. Keine Sache, kein noch so geliebter Mensch.

Also komme ich ihr lieber nicht zu nahe?

Das kann ich dir nur raten. Zumindest wenn du die Sehnsucht in dir trägst, „frei" zu werden.

„Frei" bedeutet dann so viel wie?

Ein „Freies Bewusstsein".

Frei von meiner Seele?

Nein, nicht wirklich. Zumindest nicht im Anfang. Aber das ist tatsächlich komplex und würde hier nur verwirren. Ich möchte nur mal so ganz grob skizzieren, welche Möglichkeiten ihr habt. Wenn ihr denn wollt.

Verstehe.

Und deshalb ist es auch so wichtig, zu verstehen, dass ihr aktuell nur einen „Film" schaut. Einen, den ihr selbst entworfen habt. Und wenn der euch nicht gefällt, weil er euch zu langweilig ist, ihr schlechte Gefühle und Gedanken in und mit dem Film habt, dann solltet und könntet ihr etwas daran tun.

Anderes „Drehbuch"?

Beispielsweise. Denn wenn ihr dieses Buch nicht umschreibt, dann wird es niemand für euch tun. Und welche „Beratungsfirma" schließlich an eurer Seite steht, das müsst ihr entscheiden.

So viele scheint es ja nicht zu geben.

Stimmt.

Oder sind es mehr als zwei?

Nein. Zwei passt. Haben eben nur unterschied-
liche Themenschwerpunkte.

Welche?

Ihre „Dramatik" ist unterschiedlich aufgebaut.
Die eine steht für „Sicherheit und Langeweile",
die andere für „Liebe und Abenteuer".

Das erste Drehbuch wird dann wohl nie einen
„Oscar" bekommen?

Wohl kaum. Ist aber unter den Drehbuchautoren
und Regisseuren trotzdem sehr beliebt.

Scheint so.

Wenn du ein erfülltes Leben leben möchtest, dann
kannst du das nicht von der Stange haben. Dann
kannst du nicht hergehen, und schauen, was
andere schon für Drehbücher geschrieben haben.

Dann musst du dich von der Masse, von der allgemeinen Meinung, manchmal sogar vom Zeitgeist lösen. Sonst steckst du fest, bist verwechselbar und gehst in der Masse unter. Willst du das?

Ich jetzt?

Ja, du jetzt?!

Nein. Eigentlich nicht.

Dann...

Dann?

Denk dir was aus. Schreib dir ein Drehbuch, was zu dir passt. Nur zu dir. Und alles, was dir einfällt, packst du erst einmal da rein. Ob das hinterher genauso dann verfilmt wird, schließlich auf deiner Leinwand erscheint, wirst du sehen. Aber wenn du schon beim Drehbuch schreiben Abstriche machst, dann kannst du dir ungefähr ausrechnen, was in deiner sogenannten „Realität" noch ankommt.

Was denn?

Im Zweifel nur noch ein laues Lüftchen.

Oh. Das wäre nicht viel.

Das ist zum Leben zu wenig und zum Sterben zu viel. Wobei das am Ende gerade noch hinhauen müsste...

Also eine „Heldenrolle" kreieren?

Was du willst, bestenfalls das, was dich lebendig macht. Du kannst ja auch ein „Held" sein, wenn du in einem Kindergarten arbeitest, auf einem Gemüsefeld oder in einer Fabrik. Du solltest die Umstände und das, wie du bist, wie du agierst, für was auch immer du dich einsetzt, danach gestalten, was dich am meisten berührt. Wo du dich am lebendigsten fühlst.

Wie soll ich das im Zweifel wissen?

Das musst du ausprobieren. Ohne testen, ohne probieren, wirst du im Leben nicht vorankommen.

Und „testen" bedeutet, dass du automatisch scheitern wirst. Aber das gehört ganz selbstverständlich dazu. Ist sozusagen schon eingepreist. Wenn du vorher alles weißt, ist es ja kein „Probieren". Und ich wage mal die Behauptung, dass nur die wenigsten Menschen so genau über ihr Wesen, über ihre Sehnsüchte, Bescheid wissen, dass sie immer treffsicher alles ansteuern, was sie berührt.

Vermutlich nicht.

Wenn du irgendwo scheiterst, an einer Stelle vielleicht den „falschen" Weg eingeschlagen hast, dann freue dich! Darüber, dass du überhaupt was ausprobiert hast. Glückwunsch! Für deinen Mut. Wenn du nie oder selten scheiterst, dann würde ich mir mal ein oder zwei Gedanken zu meinem Leben machen. Das riecht dann verdächtig nach: „Ich richte es mir gemütlich ein."

Frührentner wäre gut.

Das „gesellschaftliche System" ist schon recht eigenartig. Du versuchst, mit Ach und Krach eine bestimmte Altersgrenze zu erreichen, achtest aber gar nicht darauf, dass es bis dahin auch noch ein Leben gibt. Jeder Tag ist kostbar. Es gibt keinen Grund, auf das Wochenende zu warten, weil du dich da vielleicht „leben" kannst. Dann verschenkst du Zweidrittel deines einzigen Lebens, was du je haben wirst. Reinkarnation hin oder her.

Waren wir nicht irgendwann bei der „Zukunft" gestartet?

Natürlich. Wir sind mitten drin. Aber vielleicht bin ich doch etwas abgedriftet?

Du kannst es wieder gut machen. Verrate uns doch einfach, endlich mal, eine freudige Botschaft. Irgendwas Erbauliches.

„Alles wird gut".

Für alle?

Für die, die wollen. Es kommt darauf an, was du anstrebst. Mir ist natürlich klar, dass das ein oder andere, was ich erzähle, nicht alle freuen dürfte. Allerdings stehe ich auf dem Standpunkt, dass es besser ist, beizeiten zu informieren, damit ich möglicherweise rechtzeitig einen anderen Kurs einschlagen kann. Besser, als eine totale Kehrtwende zu machen. Die dann viel Energie kostet. Oder gar auf ein Riff zu laufen, mit knapper Not zu überleben, auf einer einsamen Insel zu stranden, wo ich mir mein Leben komplett neu aufbauen muss. Sozusagen aus dem Nichts. Das klingt zwar romantisch, ist aber für alle Betroffene nicht immer lustig.

Du liest zu viel „Robinson Crusoe".

Vielleicht. Allerdings ist das eher die Art von Abenteuer, die ich nicht bevorzugen würde.

Bist du etwas ein Langweiler?

Nein, ein „Realist".

Welches Abenteuer wäre deins?

Ein „Abenteuer" meint für mich ja, dass ich mich auf „irgend etwas" einlasse, den Ausgang aber nicht kenne. Nicht kennen kann. Ein Abenteuer lässt sich nicht logisch hochrechnen, weil es keine Daten für eine Rechengrundlage gibt. Allenfalls Wahrscheinlichkeiten. Aber selbst davon gäbe es dann so viele, dass du den Überblick verlierst und es auch gleich bleiben lassen kannst.

Das Abenteuer?

Das Rechnen. Ich sage immer, gerade Menschen mit einem „Sicherheitsbedürfnis" müssten sich in ein Abenteuer stürzen...

Die wären sicher anderer Meinung. Warum denkst du, wäre das attraktiv für die?

Ein Mensch mit einem Sicherheitsbedürfnis hat ja im Grunde ein überwältigendes Bedürfnis. Weißt du welches?

Achtung, außergewöhnliche Antwort: „Sicherheit"?

Ja, stimmt sogar. Aber was steckt hinter der „Sicherheit"?

Na sicher zu sein, mit dem, was du machst. Das dir nichts passiert.

Richtig. Und wann passiert dir nichts?

Wenn ich ... keine Ahnung. Stehe gerade auf dem Schlauch.

Wenn du immer genügend „Energie" hast! Das ist die einzige „Sicherheit", die du im Leben überhaupt nur haben kannst.

Ach ja? Ich wüsste noch eine andere...

Und?

Schalke steigt nie wieder auf.

Stimmt. Aber manchmal geschehen ja doch noch Wunder...

Na schön. Ich hoffe, ich irre mich.

Alles, was über dein eigenes Energieniveau hinaus geht, kannst du im Leben nicht kontrollieren.

Aber du hast im ersten Buch davon gesprochen, dass ich mein Leben kontrolliere, wenn ich meine Gedanken und Gefühle kontrolliere...

Stimmt. Darüber hinaus habe ich aber auch gesagt, dass das nur möglich ist, mit ausreichend Energie. Zudem: Mit „kontrollieren" meine ich ja, dass du eine bestimmte Richtung in deinem Leben vorgibst, eine in Richtung „Lebendigkeit". Was aber genau in dein Leben kommt, das weißt du vorher nicht, du wirst es nie wissen können.

Es sei denn, ich wäre „hellsichtig".

Jeder Mensch ist „hellsichtig". Zumindest theoretisch.

Weil?

Jeder Mensch hat Fähigkeiten, die über den Gebrauch deiner normalen Alltagsfähigkeiten weit hinaus gehen. Allerdings müsstest du dich darum kümmern, solche Fähigkeiten zu entwickeln, herauszuarbeiten. Und wenn du noch nicht einmal daran glaubst, dass dein Lieblingsklub wieder aufsteigt, dann wirst du mit solchen Unterfangen wohl noch größere Probleme haben...

Kann sein. Aber ich glaube, ich möchte gar nicht „hellsichtig" sein.

Warum?

Weil ich mich nicht trauen würde, in „meine Zukunft" zu schauen.

Warum?

Weil da vielleicht etwas auftauchen würde, das mich erschreckt? Dann würde ich es nicht wissen wollen.

Das wäre aber dumm.

Kann sein.

Weil das, was du da sehen würdest, dann ja sowieso kommt. Und wenn es erstmal Realität ist, du nichts mehr unternehmen könntest...

Doch.

Was denn?

„Aha" sagen.

Ja schon. Aber wäre es nicht besser, du würdest „Aha" zu etwas sagen können, was dich eher freudig überrascht, als depremmiert?

Theoretisch schon.

Und praktisch?

Vermutlich auch. Aber ginge das denn theoretisch praktisch?

Was genau?

Dass ich meine Zukunft „sehen" könnte?

Natürlich. Deshalb spreche ich doch davon.

Aber wie? Und warum?

Du musst dir „Zukunft" als etwas vorstellen, was noch nicht fertig ist. Manche Dinge in der Zukunft sind fast schon auslieferungsreif, manche sind noch ganz vage, kaum zu erkennen. Wenn du dir eine Kinoleinwand vorstellst, die deine Zukunft darstellt: Das Ding ist 20 Meter breit und ziemlich hoch. Also genug Platz für viele Aspekte deines Lebens. Und jetzt sitzt du im Saal, gemüt-lich im breiten Sessel, natürlich mit Popcorn und Cola, schaust entspannt auf die Leinwand und entdeckst dort allerlei Details und Einzelheiten. Manche davon sind schon ganz scharf abgebildet, klar erkennbar. Das wären die Dinge, die sozu-sagen kurz davor sind, in deine „Realität" über-zugehen. Beispielsweise würdest du dort deine Freundin sehen! Superschön, dein Herz pocht, der Mund steht auf, die Cola läuft raus. Und nach der „Vorstellung" wankst du völlig verzückt aus dem Kino, auf die Straße. Siehst aber nicht, dass sich ein Auto nähert und nur ganz knapp noch bremsen kann. Mit quietschenden Reifen kommt es zum stehen, die Tür fliegt auf, eine Frau kommt auf dich zugeschossen und brüllt dich an, ob du sie nicht alle beisammen hast! Du schaust sie an und stellst fest, dass du sie zwar noch nie gesehen hast, aber trotzdem erkennst...

Die Frau aus dem Film...

Richtig.

Und was sage ich dann? Soll ich vielleicht zurückbrüllen? Bin schließlich ein Mann!

Was du willst. Sei mal kreativ...

Also dann sage ich am besten: „Aha".

Nein! In diesem Fall tatsächlich einmal nicht! Du verstehst nach wie vor nichts von Frauen.

Was denn?!

Denk mal selber nach...

Dann könnte ich ihr vielleicht sagen, dass ich sie eben im Kino gesehen habe, und jetzt doch überrascht bin, sie hier auf der Straße zu treffen...

Schön. Dann wird sie vermutlich so etwas sagen wie: „Mach die Straße frei du Spinner, ich muss weiter!"

Vermutlich. Ich scheine kein Glück zu haben.

Oder eine schmale Fantasie. Aber Kopf hoch. Anderen ergeht es noch schlechter.

Wem?

Denen, die tatsächlich schon eine Freundin haben...

Sehr witzig.

Aber wo waren wir stehengeblieben?

Du wolltest erklären, wie Zukunft funktioniert?

Ah ja. Die Aspekte auf der Leinwand, die schon sehr klar erkennbar sind, sind kaum oder nur schwer noch veränderbar. Die anderen Szenen und Details, die noch nicht klar erkennbar sind, die noch reichlich verschwommen sind, sind noch im Aufbau. Da dauert es noch, zum Teil auch sehr lange, bis sie in deine Realität übergehen.

Warum „sehr lange"?

Weil sie vielleicht nur sehr wenig Energie erhalten. Vielleicht sind das Teile aus deinem „Weltbild". Oder aus deiner Umgebung, in der du lebst. Die du zwar ständig wahrnimmst, aber nicht bewusst mit Energie füllst.

Hast du mal ein Beispiel?

Wenn du vielleicht in einer Hochhaussiedlung lebst, alles etwas karg, fantasielos und öde. Die Menschen dort sind zumeist angestellt, verdienen nicht allzu viel Geld und jeder macht seine Tür gerne hinter sich zu. Alles etwas anonym. Jetzt magst du vielleicht jemand sein, die von ihrem Wesen her eher kreativ ist, sich gerne mit Men-

schen austauscht, ein Faible für ausgefallene Musik hat, gerne reist, immer lustig und humorvoll ist. So ganz grob.

Also eher das Gegenteil ihrer Umgebung? Dann wäre sie woanders besser aufgehoben...

Moment. Ich habe gesagt, sie wäre „ihrem Wesen nach" jemand, die so ist. Sie muss das nicht zwingend auch so leben. Aber egal welche Aspekte sie von ihrem Wesen zum Ausdruck bringt, ihre Umgebung prägt sie und diese Prägung strahlt dann wieder zurück auf „ihre Kinoleinwand". Diese Energie ist nicht sehr stark, weil sie eben nur passiv geprägt wird und sie auch nichts tut, diese Inhalte zu verstärken. Aber sie wirkt trotzdem. Schleichend. Und es braucht zwar relativ lange, bis Details aus dieser Prägung klar auf der Leinwand erscheinen. Aber irgendwann passiert es. Sie werden zu ihrer „Realität".

Was könnte das sein?

Passend zu dieser Prägung könnte es vielleicht sein, dass sie einen Freund anzieht, der sehr ähnlich ist zu ihrer Umgebung, in der sie lebt. Etwas farblos, einfältig und langweilig. Er ist zwar irgendwie nett, aber doch gleichzeitig reserviert, nicht offen. Verreisen tut er nicht so gerne, liebt es eher, abends auf der Couch ... und so weiter.

Klischee.

Ja und Nein. Aber auf jeden Fall Anziehung. Resonanzen. Entsprechungen. Es könnte sich in einem anderen Beispiel aber auch um Freunde von euch handeln, die so ähnlich wären. Und wenn ihr vielleicht von früher, von euren Eltern entsprechende Impulse aufgenommen habt, dann müsst ihr diese Dinge nicht unbedingt absichtlich forcieren, damit sie wirksam sind. Sie wirken auf einer stillen, schwachen Ebene aber dennoch. Alles, was auf dich wirkt, prägt dich. Es geht gar nicht anders. Und du musst entscheiden, von was oder wem du geprägt werden möchtest. Sonst ist das ein Vorgang, der automatisch abläuft und zu

immer wiederkehrenden, automatischen Ergeb-
nissen führt.

Tricky.

Nur wenn es dir nicht bewusst ist.

Und weiter?

Es gibt also eine breite Palette an noch undeutli-
chen Details auf deiner Leinwand. Jetzt könnte
ich dich ja noch einmal fragen, ob es nicht doch
geschickt wäre, mal einen Blick in deine Zukunft
zu werfen? Auch wenn du es in der Schule ver-
pennt hast und nicht weißt, wie es geht...

Vielleicht.

Du könntest es, beispielsweise, so angehen, dass
du die Dinge, die vielleicht akut ungut sind für
dich, noch abwenden kannst oder dich rüsten, um
das, was da demnächst auftauchen wird, abzufe-
dern. Und die anderen Sachen, die du schon so
ungefähr erahnen kannst, so zu verändern, dass
sie dir gefallen. Oder, falls es um eine Entschei-

dung zwischen 2 Dingen geht, die Beste für dich zu wählen.

Was wäre das beispielsweise?

Das kann ja alles sein. Vielleicht ein neuer Job, den du gerne annehmen würdest. Da könntest du schauen, was er mit dir machen wird, in welches Umfeld du da eintauchst, wie deine Kollegen drauf sind, wie die allgemeine Stimmung ist und ob der Chef nicht schon ein „stilles Sonderkonto" für sich eingerichtet hat. Auf das er aus dem Firmenvermögen fleißig einzahlt...

Also alle Eventualitäten bis hin zur Pleite?

Alles was du willst. Es gibt „dort" keine Information, die dir nicht zugänglich wäre.

Schwer zu glauben.

Ja vielleicht. Aber nur, weil du keine Ahnung hast, wie es geht. Wenn du dein Bewusstsein von deinem Körper lösen könntest, was ein jeder Mensch ohnehin im Schlaf macht, jede Nacht, dann könntest du mit ein wenig Übung dieses, dein Bewusstsein, dahin leiten, wo du Informationen sammeln möchtest. Das braucht, zugegeben, einiges an Übung, ist aber machbar.

Das mit dem „Üben" ist immer so eine Sache bei mir...

Ich weiß. Ich sage ja nur, dass es möglich ist. Wenn du zum Beispiel dieses Buch hier liest, vielleicht weil du Langeweile hast und viel Zeit in den nächsten Monaten bis zum nächsten Job, dann wäre es doch eine Option, Interesse vorausgesetzt, mal in die Richtung zu gehen...

In welche genau?

In Richtung „Außersinnliche Wahrnehmung". Vielleicht hast du ja Talent, vielleicht ist das ganze sogar in deinem Wesen als Sehnsucht, als Fähigkeit, verankert? Vielleicht fragst du dich schon seit 10 Jahren, warum nichts richtig bei dir zündet. Verschiedene Berufe waren mal interessant, dann wieder nicht, aber keinesfalls auf Dauer. Nichts hat dich so richtig gepackt. Und vielleicht ist eine mögliche Antwort darauf nicht, dass du ein asoziales Wesen bist, sondern eher jemand, der einen eher ungewöhnlichen Weg gehen möchte. Oder soll. Manche schöpfen ihre Erkenntnis des Lebens vielleicht aus den Bereichen Technik, oder Soziales, oder Politik. Du vielleicht aber nicht. Das ist zwar nicht direkt abartig für dich, aber deine „Passion" ist möglicherweise speziellerer Natur...

Wie soll ich das rauskriegen?

Also ich denke einfach mal, allein die Tatsache, dass du diese Zeilen hier liest, bis hier her durchgehalten hast, könntest du schon mal als Indiz dafür werten, dass du das alles hier nicht für reinen Schwachsinn ansiehst. Oder aber vielleicht doch, bist dir letztlich aber doch nicht ganz sicher. Frei nach dem Motto: „Möglicherweise schreiben die das gar nicht von zu Hause, eher aus einer gut bewachten Zelle."

Und ich wundere mich die ganze Zeit, was die weiß gekleideten Herren vor meiner Tür machen!

Roomservice.

Ach so. Dann bin ich ja beruhigt.

Es gibt natürlich Menschen, die lehnen so etwas kategorisch ab. Was ja in Ordnung ist. Ich lehne ja auch Krieg ab, weiß allerdings, dass es ihn gibt.

Aber das ist bei solchen Sachen eben nicht so eindeutig feststellbar. Wenn du mir irgendwas aus meiner Zukunft sagst, dann kann ich das eben glauben, oder auch nicht.

Und wenn es dann kommt?

Dann kannst du immer noch Glück gehabt haben.

Auf nichts anderes hoffe ich auch...

War mir klar.

Du hast Recht. Wenn da ein „kopfgesteuerter" Mensch ist, der nur an das glaubt, was er vor sich sieht, dann wird er unter allen Umständen ver-

suchen, an seiner Meinung festzuhalten. Und wenn du dem etwas präsentierst, etwa aus seinem Leben, was nur er wissen kann, dann wird er auch das versuchen, logisch zu ergründen. Am Ende ist es eben der perfekte Trick. Die „Magier" im Fernsehen, auf der Bühne, machen ja auch Dinge, die du nicht nachvollziehen kannst. Eben die perfekte Illusion.

Aber bei denen ist es gespielte Magie. Ist es denn, wenn ich Bilder aus der Zukunft sehen kann, auch eine Art von „Magie"?

Aus meiner Sicht nicht.

Was dann?

Im Grunde ein „Handwerk". Eine sehr spezielle Fähigkeit. Im Grunde etwas, das jeder Mensch hat. Was unterscheidet denn zum Beispiel einen Menschen von einem Affen?

Affen sind erträglicher?

Manchmal tatsächlich. Aber was vielleicht noch?

Der Klassiker: Menschen haben einen „freien Willen".

Richtig. Aber welche Eigenart vielleicht noch?

Ich muss passen.

Menschen können ihr „Bewusstsein beliebig ausdehnen".

Können sie? Und übrigens: Nach dem 5. Bier kann ich das auch!

Ja.

Ich tatsächlich nicht.

Du auch.

Nachts vielleicht. Tagsüber kann ich mich gerade mal an meinen nächsten Termin erinnern.

Das hat damit aber nichts zu tun.

Mit was denn? „Fantasie"?

Nein. Obwohl „Fantasie" eine gute Vorbereitung dafür ist. Menschen mit viel Fantasie haben es erheblich leichter, das zu machen, wovon ich gerade spreche.

Was war das nochmal?

Lass den Unsinn! Außerdem ist es tatsächlich so, dass du selbst ein enormes Potential an Kreativität und Fantasie zur Verfügung hast...

Merke ich nicht.

Ist aber so.

Und warum?

Weil das in deinem Wesen verankert ist. Als Sehnsucht und Fähigkeit. Deine „Kreativität" ist im Grunde eine Art Stützpfeiler deines Lebens.

Warum hast du mir das nicht schon vorher gesagt?

Habe ich dir schon oft gesagt...

Tatsächlich?

Ja.

Und warum kommt das erst jetzt bei mir an?

Weil du eben verschlossen warst. Du hörst solche Dinge einfach nicht, blendest sie aus, wenn sie nicht in dein Selbstbild passen. Gehört ja, verstanden nein.

Und was bedeutet das jetzt für mich? Immerhin scheine ich ja jetzt darauf zu reagieren.

Scheinbar.

Und?

Was du willst. Kannst ja mal überlegen, was das für dich bedeuten könnte.

Kannst du mir das nicht gleich sagen? Nicht aus Faulheit, aber vielleicht ... ist es wichtig für das Buch, für andere...

Schon klar. Immer wieder durch die Hintertüre...

Habe keine und mein Gewissen ist rein!

So rein, wie deine vergilbte Wäsche aus dem Waschsalon?

Reiner!

Wenn du deine Fantasie, deine Kreativität nicht lebst, dann wirst du nie glücklich sein.

Ich jetzt?

Jeder. Jede. Also zumindest bei denen, bei denen es ähnlich ist.

Aber welche Tätigkeit, welchen Beruf könnte ich ausüben?

Das ist egal. „Kreativität" ist ja erst einmal das Oberthema. In fast jedem Beruf kannst du kreativ sein, auf die ein oder andere Weise. Aber du kannst eben auch in jedem Beruf stumpf deine Arbeit machen. Das kommt auf dich an. Kreativ

sein heißt nicht automatisch „Künstler" oder
„Werbeagentur".

Schon klar.

Ach ja? Auf einmal? Und was hast du dann
Jahrzehnte lang gemacht, wenn dir das alles auf
einmal so klar ist?

Ich meinte, dass ich dein Beispiel nachvollziehen
konnte.

Na immerhin. Und so ist es mit vielen Dingen, die
eine Art „Stützpfeiler", eine Art „Leitfaden" in
deinem Leben sind. Deinem Wesen, deiner
Lebensabsicht nach. Viele, viele Einzelheiten,
aber eben ein oder zwei Oberthemen, die dort
verankert sind.

Welche gäbe es denn beispielsweise noch? Bei
anderen?

Beispielsweise Menschen, die sich der „Hilfe"
von anderen verschrieben haben. Oder welche,
die eher „lehrend" auftreten, „Impulsgeber"

*oder „Macher" sind. Möglich wären auch noch
die, die „Neues bringen" oder gar die, von denen
wir eben schon gesprochen haben.*

Welche waren das nochmal?

*Die, die sich „übersinnlichen" Dingen widmen.
Die „Wirklichkeit" aus einer anderen Perspektive
beleuchten. Und möglicherweise neue Möglichkeiten daraus ableiten.*

Welche „Möglichkeiten" beispielsweise?

*Dazu kommen wir noch. Entweder ganz zum
Schluss, oder aber erst im nächsten Buch.*

Das Nächste? Noch eins?

*Ich dachte, du willst irgendwann mal Porsche
fahren?*

Schon.

*Und? Denkst du, das rieselt vom Himmel? Oder
kommt mit nur einem Buch?*

Warum nicht...

Optimist.

Ich dachte, ich wäre Pessimist?

Stimmt. Dann streiche „Optimist" und setze „Fantast".

Ich bin halt kreativ. Wie du schon richtig sagtest...

Das geht in diesem Fall aber eher folgendermaßen: 1. Buch: Schlauchboot. 2. Buch: Altes Wohnmobil, 3. Buch: Motorrad. 4. Buch: Porsche.

4. Buch? Und wann kommt dann Italien? Das Haus? Ich dachte, das steht alles schon in den Startlöchern?!

Tut es ja auch. Dachte ich jedenfalls. Vielleicht ist es aber auch, dass ich es nicht richtig auf deiner Leinwand erkennen konnte? Hatte meine Brille nicht dabei...

Hör jetzt auf mit dem Blödsinn!

Macht aber gerade Spaß.

Mir aber nicht. Außerdem waren wir bei einem ganz anderen Thema.

Waren wir zwar nicht, aber gut: Wie erwähnt gibt es schon in der Lebensabsicht eines Menschen einen Grundtenor. Wie er so ist, welche Fähigkeiten er hat. Wir haben das ja schon so etwas mit dem Thema männlich/weiblich beleuchtet. Und wenn du da relativ nah dran bist, dann kommen die Details, alles Weitere, Einzelheiten und Zeitabläufe schon von alleine. Im Verlauf des Lebens. Zumindest bist du nicht kreuzunglücklich, weil du vielleicht hoffnungslos in der falschen „Kategorie" hängst.

Verstehe. Und warum war ich dann so unglücklich?

Weil du eben deine Fantasie, deine Kreativität, im weitesten Sinne nicht gelebt hast. Vielleicht weil du auch Berufe gewählt hast, in denen du deine

Fantasie nicht, oder nur unzureichend leben konntest. Nach dem Motto: „Mal nehme ich ein Verwarngeld, mal lasse ich es. Mal fahre ich zu dem Einbruch, mal hole ich mir lieber eine Pommes."

Aber das habe ich tatsächlich genau so gemacht!

Das hat dich aber auch nicht gerettet. Du hast dich eher dadurch gerettet, dass du alle 2 Jahre etwas anderes innerhalb der Polizei gemacht hast. Damit es dir nicht zu langweilig wurde. Aber irgendwann ist selbst das keine Option mehr...

Schon wahr.

Und dann gehen halt die Lichter aus, wenn du nicht rechtzeitig den Absprung schaffst.

Und was, wenn ich merke, ich werde unglücklich und ich aber nicht weiß, was ich alternativ machen soll?

Dann mach dir deine Gedanken! Check dich selber, sprich mit anderen Menschen. Das alles hast du damals nicht gemacht, du hast einfach nur abgewartet, bis es so schlimm war, dass du nur noch eine Option hattest.

Welche?

Wenn du es nicht weißt...

Darüber hinaus?

Was haben wir besprochen, passiert, wenn die Lichter ausgegangen, du in Richtung Depression schlitterst?

Meine „Wahrnehmung" bricht zusammen. Hast du jedenfalls gesagt.

Und warum tut sie das?

Energiemangel.

Ganz richtig. Und welche Optionen hast du, wenn du „Energiemangel" hast. Ganz akut?

Ich muss Energie generieren.

Nein.

Was sonst?

Du musst Energie „sparen“.

Aber beides ginge doch, oder?

Meistens nicht. Wenn du in einem Loch hockst, dann kannst du keine Energie generieren, weil du nicht die Kraft dafür hast. Du kannst nicht auf einmal aufspringen und rufen: „Holldrio, ich gehe jetzt erstmal in den Wald, danach spiele ich mit meinen Kindern Fußball und anschließend koche ich meiner Frau etwas Schönes.“ Alles Dinge, die dir unter normalen Umstände vielleicht Energie gegeben hätten, in diesem Fall aber schaffst du es nicht, dich aufzurappeln.

Und dann?

Wie gesagt: Energie sparen. Als Nothilfe. Wenn du eine sehr lange Zeit etwas getan hast, was dich Energie gekostet hat, zeitgleich nichts oder nur wenig gemacht hast, was dir Energie gegeben hat, dann landest du eben absehbar irgendwann an dem Punkt, an dem du dein übliches Verhalten zwangsläufig einstellen musst.

Welches?

Na das, was dich Energie gekostet hat. Das kannst du nicht mehr machen, eben weil du keine Energie mehr dafür hast. Logisch?

Was ja gut ist.

Ja, das ist auch gut. Nur vielleicht reichlich spät bemerkt? Aber wie dem auch sei: Es geht nichts mehr, du bist im Modus: Energiesparen/Standby. Einschalten sinnlos.

Und weiter? Bitte nur das Wichtigste! Ich hasse dieses Thema...

Psychologe. Klinik. Was weiß ich. Das Übliche halt. Aber: Wenn du es schaffst, trotz aller Dunkelheit, die dich umgibt, einen wichtigen Notruf abzusetzen, dann darf ich dir sagen, dass das gehört wird.

Du meinst in Richtung meiner Seele?

Sie hat ja nun ausreichend mitbekommen, in welcher Lage du bist. Und manchmal ist es eben so, dass aus aussichtslosen Lagen tatsächlich etwas erwachen und erwachsen kann, was du dir unter normalen Umständen, in einem normalen Leben, nicht hättest denken können.

Was soll das sein?

Etwas Überraschendes. Etwas, von dem du dachtest, dass es nicht existiert.

Was könnte das sein?

Vieles. Manche Menschen müssen tatsächlich erst „Bodenberührung" haben, bevor etwas „Neues" beginnen kann. Das fühlt sich zwar fürchterlich an, ist aber dennoch heilsam. Und wenn du mir den Satz erlaubst: Dieser Zustand der Energie-

losigkeit ist schon der Heilungsprozess. Die Krankheit ist überwunden.

Was wäre denn die „Krankheit"?

Tatsächlich die „Stimme des Verstandes" wichtig genommen zu haben.

Ach herrje, die schon wieder...

Ist aber so. Sie hat in dir eine Krankheit erzeugt.

Welche denn?

„Größenwahn".

Wie bitte?

Wenn du glaubst, dass du es bist, der weiß, wie das Leben funktioniert, was du tun musst, um glücklich zu sein, warum bist du dann an diesem Punkt?

Gute Frage. Vielleicht weil ich die Situation falsch eingeschätzt habe? Weil ich geglaubt habe, das Richtige zu tun?

Genau. Das hast du. Du hast es so gemacht, wie du glaubtest, dass es gut wäre. Für dich. Und vielleicht sogar für andere. Denen du deine Tipps ebenfalls verkauft hast. Deinen Kindern beispielsweise. Oder deiner Frau. Die sich über Jahre anhören mussten, wie schlau das „Familienoberhaupt" ist. Mit seinen starken Armen, seiner tiefen Stimme, seinen überaus überzeugenden Argumenten. Nicht zu fassen, dass dieser Ausbund an Lebensweisheit einmal dort landet, wo er sich schon mehrfach über andere lustig gemacht hat. „Die sollen einfach mal arbeiten und den Mund halten. Mit ihren 1000 Ideen." Nun bist du es, der den Mund hält. Zwangsweise.

Du redest jetzt aber nicht von mir, oder?

Nein. Das tue ich nicht.

Puhh.

Du *warst schlimmer...*

Echt?

Ja.

?

Ehrlich gesagt ja. Du warst schon ein richtiges Arschloch. Sorry. Nach außen hin immer der nette, kontrollierte, ausgeglichene Stephan, nach innen zu dir selber und zu deiner Familie eher jähzornig, unausgeglichen, übellaunig, unnahbar, starrköpfig und so weiter.

So schlimm?

Habe ich tatsächlich übertrieben? Oder gar etwas vergessen?

Also ... vermutlich hast du tatsächlich Recht. Und vieles tut mir wirklich leid, das verfolgt mich noch bis heute.

Ich weiß. Deshalb ist das Thema für dich auch schon eine „Schreibübung" der besonderen Art. Im Grunde nichts anderes als Therapie. Und ich verrate wohl kein Geheimnis, wenn ich sage, dass du an der ein oder anderen Stelle auch schon mal weinst wie ein Schlosshund. Und das ist auch gut so! Das macht dich frei. Das bedeutet Heilung. Und wenn dein Energiesystem sich wieder von altem Ballast befreit hat, dann kann es auch wieder „neue" Energie aufnehmen. Und dann Vollgas in Richtung Zukunft!

Vollgas? Porsche?

Warum nicht.

Und jetzt? Sind wir durch?

Not quite.

Was denn noch?

Das Gespräch mit deiner Seele...

Ach so, stimmt. Und was sage ich ihr, was sie schon vorher weiß?

Zum Beispiel Folgendes: „Liebe Seele: Auch wenn ich mir jetzt schon einigermaßen doof vorkomme, ich mich erst jetzt melde, wo es fast schon zu spät ist: Aber ich bin scheinbar tatsächlich gestrandet. Ich hätte nicht gedacht, dass ich das mal erlebe, aber jetzt ist es halt so. Was kann ich tun, um da raus zu kommen? Was habe ich nicht gesehen? Wo war der Fehler? Was soll ich jetzt tun? Ich fühle mich gerade nicht imstande, überhaupt etwas zu tun. Ich könnte kotzen!"

Na bitte. Könnte von mir kommen.

Sicher. Oder von jedem x-beliebigen anderen Menschen. Dem es so geht oder ergangen ist. Also, ich will ja jetzt keine schlechte Laune erzeugen, aber das muss erstmal raus. So, oder so ähnlich.

Ich weiß. Und dann?

*Dann passiert vermutlich erst einmal gar nichts,
außer, dass dich möglicherweise bestimmte
Gefühle überkommen. Oder auch nicht einmal
das. Aber egal, wie deine Reaktion danach ist, du
weißt, oder solltest darauf vertrauen, dass deine
Seele das Gesagte als Signal sieht.*

Welches?

*Dass du gewillt bist, dich nicht zu ergeben. Auch
wenn du vielleicht gerade nicht einmal „Piep"
sagen kannst. Es muss ja nicht immer direkt so
schlimm sein, aber wenn doch, dann behalte die
Hoffnung, dass du nicht alleine bist. Unabhängig
davon, wie vielleicht deine Familie oder Freunde
mit dir umgehen.*

Ist doch aber wichtig, oder? Ich meine, wie verhalten sie sich denn bestenfalls?

Liebevoll.

Das ist ein großes Wort.

Ich weiß. Aber das ist die Messlatte. Mitfühlend liebevoll. Ohne falsches Blabla. Wenn du als Freund nicht weißt, was du zu dem Ganzen sagen sollst, dann hältst du am besten die Klappe. Und signalisierst einfach nur, dass du da bist. Das reicht.

Er oder sie würden schon um Hilfe bitten, oder?

Ich hoffe doch. Kein falscher Stolz. Deine Freunde sind ja froh, wenn sie mal was machen können. Vielleicht einen Einkauf organisieren, wenn dein Partner mit den Kindern beschäftigt ist. Irgendwas halt.

Und dann? Wie geht es bestenfalls weiter?

Mit Energie sparen.

Klingt nicht sehr spannend.

Ist es auch nicht. Aber meistens die einzige Option, die du hast.

Fuck.

Na! Ich dachte, du wärest kultiviert?

Kultiviert? Ich gehe noch nicht einmal ins Theater.

Das war aber eigentlich die Aufgabe aus dem ersten Buch.

Ich hatte das eher als ein Beispiel aufgefasst. Als Option.

Na schön. Aber was hast du stattdessen gemacht?

Ich bin in eine Bar, unweit des Theaters. „Sportsbar", wenn du es genau wissen willst.

Und hast du dort etwas gemacht, was du bis dato noch nie gemacht hast?

Allerdings.

Und was?

Ich bin aufgesprungen, nachdem die Bayern ein Tor geschossen hatten.

Schäm dich.

Das habe ich dann auch getan. Hinterher allerdings. Zu Hause im Bett.

Dann frage ich lieber nicht, wie du geschlafen
hast...

Nein. Besser nicht.

Also, wenn ich von „Energiesparen" spreche,
dann klingt das ja erst einmal passiv. Ich mache
nichts, und das, was ich mache, machen kann,
bezieht sich auf das Nötigste. Und das, was ich
gewohnt bin zu machen, muss ich aus Energie-
mangel bleiben lassen.

Was ja scheinbar auch gut ist.

Das ist es. Aber: Du kannst schon mal damit
rechnen, dass sich die meisten in einer solchen
Lage schlecht fühlen. Einfach weil sie Gewohntes
nicht mehr machen können. Egal, was das mal
gerade ist.

Warum schlecht?

Weil sie „abhängig" sind.

Von was? Kriegen sie die Rotweinflasche nicht mehr auf?

Keine Drogen. Nicht unbedingt. Die Abhängigkeit der Menschen bezieht sich auf ihre „Routine".

Nicht die schon wieder! Ich kriege langsam Verfolgungswahn!

Sachte. Immer die Ruhe bewahren.

Das kannst du immer schön sagen. Du hast den Überblick. Sitzt vermutlich lässig im Kinosaal mit deinesgleichen und zusammen amüsiert ihr euch über unsere ... was weiß ich. Fällt mir gerade nicht ein.

Arthouse Filme?

Nein. Egal. Blockbuster werden es denn wohl nicht sein.

Die meisten nicht.

Eher Gruselfilme...

Möglich. Einige vielleicht. Das möchte ich aber gar nicht werten. Ich fände es halt schön, wenn es möglichst viele Menschen gibt, die glücklich sind mit ihrem Leben. Jeder auf seine Art.

Das weiß ich ja. Das glaube ich dir auch. Aber warum, mal ganz zwischendurch gefragt, musstest du dir denn einen solchen Knaller wie mich ans Bein nageln? Bis du doch masochistisch veranlagt?

Nicht dass ich wüsste. Aber ich kann dir schon sagen, warum ich zu dir gekommen bin. Das ist kein Geheimnis.

Mir wäre es aber in dem Fall lieber, es würde eines bleiben. So zwischen uns. Wir haben schließlich ein Vertrauensverhältnis...

Ganz sicher haben wir das.

Und?

Zwischendurch ist es immer mal wieder ratsam, einen „Belastungstest" einzuschieben. Ob noch alles in Ordnung ist, alles hält. Das machen die beim TÜV auch immer...

Ist mir egal, was die da machen! Im Zweifel eher nerven und nörgeln.

Nur zu deiner Sicherheit.

Und wenn ich aber ein „Abenteurer" bin? Was machen die dann? Schauen sie blöd aus der Wäsche?

Das ist denen egal. Jeder wird gleichbehandelt.

Lass uns das Thema wechseln. Ich werde gerade so aggressiv. Bin wohl traumatisiert.

Ganz sicher. Vielleicht brauchst du dann ganz einfach mal eine durchweg positive Erfahrung beim TÜV. Um das mal zu lösen?

Was denn?

Denk dir was aus.

Ich könnte dann vielleicht mit meinem nigel-nagelneuen Porsche zu denen fahren und sie bitten, da mal TÜV drauf zu machen. Und da sie dann nichts finden, bin ich geheilt.

Ausgefuchst.

So bin ich. Immer für eine Überraschung gut.

In der Tat.

Und nun?

„Routine".

Bitte nicht.

Doch. Ist wichtig. Dauert nicht lange.

Es ist schon 20 h. Zeit für meine „Bettroutine"...

Du hast keine. Allenfalls Klamotten in die Ecke werfen und abtauchen.

Und Zähneputzen?

Ich kommentiere das jetzt besser nicht. Wir haben schließlich ein Vertrauensverhältnis.

Solange ich keine Freundin habe, brauche ich das auch nicht immer zu machen!

Wenn du das nicht machst, fallen dir die Zähne aus. Und dann bekommst du auch keine Freundin.

Ich dachte, nur die Liebe zählt.

Stimmt soweit. Du kannst jeden Menschen lieben. Aber möchtest du auch mit jedem Menschen zusammen sein? Wenn die Liebe zwar da ist, die Zähne aber fehlen?

Eher nicht.

Na siehst du. Aber ziehen wir das mal nicht unnötig in die Länge: Die „Routine". Geliebt und gehasst gleichermaßen. Was ist denn nun das „Geheimnis" an der ominösen Routine? Kennst du dich aus?

Wer ich?

Wer denn sonst?

Na ich dachte, du sitzt vielleicht noch in deinem Kinosessel und hast deinen Nachbarn gefragt. Und: Ich will gar nicht wissen, mit wem du dich so rumtreibst...

Auch das ist kein Geheimnis. Apropos, ich war noch eine Erklärung schuldig. Fast vergessen.

Macht nichts. Passiert jedem mal. Was ist denn nun mit der „Routine"?

Du kannst dir Routine als etwas vorstellen, das eine geistige Energie darstellt, eine Idee, die, wenn sie erst einmal ausreichend mit Energie versorgt wurde, von selber läuft.

Ah, dann ist das sowas wie: Ich putze ein- oder zweimal das Bad, von da an läuft es von alleine?

So ungefähr. Nur läuft „es" nicht von alleine, „du" läufst von alleine. Du machst es selber. Immer und immer wieder.

Das klang gerade aber anders. Schade. Ich dachte schon, ich könnte mir meine tägliche Badputzroutine sparen...

Du hast gar kein Bad. Immer noch nicht!

Stimmt. Dann ist das ja doppelt schade.

Warum?

Na wenn ich das täglich mach, aber gar kein Bad habe, dann bringt das ja noch nicht einmal was...

Schluss jetzt! Genug Klamauk. Du machst mich langsam irre!

„Aha". „Putzig".

Vielleicht sollten wir doch Schluss machen für heute. Routine hin oder her. Morgen ist auch noch ein Tag. Und da machen wir das dann fertig. Ohne Blödelei!

Ja Chef.

Guten Morgen.

Guten Morgen.

Es ist 06:05 h.

Na und?

Ich wollte es nur mal sagen.

Normale Arbeitszeit. Was viel wichtiger ist: Wie hast du geschlafen?

Gut. Viel geträumt.

Was?

Es gab da eine Sequenz, da war irgendeine ältere Frau, irgendwo auf einem Schiff. Ich war auch dort, habe sie beobachtet, wie sie einer jungen, recht attraktiven Frau, zu einer Art Steinhaufen „verwandelt" hat. Ich kann es nicht besser ausdrücken. Ich selber hatte ein Kind bei mir auf dem Arm und beobachtete sie, wie sie danach auf uns zu kam. Und ich dachte mir: Wenn sie vor uns anhält, dann muss ich irgendetwas tun, damit sie nicht das gleiche mit uns macht.

Du wolltest nicht in einen Steinhaufen verwandelt werden?

„Wir". Ich hatte ja noch das Kind bei mir. Nein, sicher nicht.

Und dann?

Sie kam an uns vorbei, hielt dann, und lächelte uns an.

Und dann?

Dann habe ich sie weggetreten und bin sofort danach aufgewacht.

Schade. Mitten im Kampf...

Mir war es lieber so.

Na schön. Was war mit dem Kind?

Kann ich nicht sagen, es war halt zu Ende.

Schön.

Und was steckt dahinter? Deiner Ansicht nach?

Es wäre möglich, das Thema von gestern Abend. Das du mit in den Schlaf genommen hast.

Aber wie genau`?

Wir sprachen ja von der „Routine". Und Routine bedeutet rein physikalisch übersetzt: „Starres Energiefeld".

Ich dachte, das Energiefeld ist grundsätzlich geistiger Natur, also wie kann es „starr" sein?

Nicht im Sinne einer physischen Starrheit. Eher im Sinne, dass es unbeweglich ist. Immer gleiche Inhalte, gleiche Färbung. Und recht hohe Ladung meistens.

Und das ist um mich herum?

Das Energiefeld, oder auch die „Aura" genannt, umgibt den physischen Körper. Ja. Ungefähr in Eiform. Und ist in verschiedenen Schichten aufgebaut. Aber das finde ich bei diesem Thema gar nicht so wichtig. Entscheidend ist, dass die Routine sich dorthin setzt, wo normalerweise deine dynamische Seite abgebildet ist. Die lebendige Kraft in dir, die Entscheidungen trifft, Ideen hat, kreativ ist, voran gehen möchte, um möglichst viel zu erleben.

Und was macht dann die Routine da? Verlaufen?

Nein. Sie setzt sich absichtlich da hin. Sie blockiert im Grunde diese Dynamik.

Warum? Automatisch?

Beispiel: Wenn du morgens aus dem Bett springst, du hast etwas Tolles geträumt, wachst mit dieser Idee auf und willst sie gleich umsetzen. Vielleicht ein Bild malen. Oder etwas Ausgefallenes zum Frühstück machen, gleich ins Büro flitzen, um eine bestimmte Gedankenkette niederzuschreiben. Dann würde dich deine Routine zunächst auffor-

dern, das zu machen, was du jeden *Morgen tust.
Also erst einmal zu schauen, ob deine Puschen
noch an der Stelle stehen, an der du sie den
Abend zuvor bereitgestellt hast. Wenn da alles in
Ordnung ist, reinschlüpfen und mit ihnen ins Bad.*

Zähne putzen! Aber Hopp!

*Was auch immer. Duschen. Ganz in Ruhe. Dabei
vielleicht dein morgendliches Mantra aufsagen.
Dann in die Küche, dein Vollwertmüsli einwei-
chen, nachdem du alle Zutaten sauber abge-
wogen hast. Schließlich hast du ja einen Essens-
plan. Um gesund zu bleiben. In der Zwischenzeit
fütterst du deinen Wellensittich und unterhältst
dich kurz mit ihm. Er piepst dich an, wie jeden
Morgen, du bist glücklich. Dann das Müsli essen,
nochmal Zähne putzen und anschließend das
Waschbecken mit einem Handtuch schön trocken
machen. Dann erst fühlst du dich „frei" und
imstande, deiner Idee aus dem Traum nachzugehen.*

Prima. Was ist davon noch über?

Nichts. Du hast es vergessen. Oder aber - die Energie ist weg. Aber auch nicht so schlimm, Hauptsache du hast deine wichtigen Abläufe für heute Morgen schon mal erledigt. Ein Start in den Tag ohne sie? Undenkbar.

Stimmt schon. Prioritäten setzen.

Ja. Wenn du das aber immer so machst, landest du fast zwangsläufig bei dem Thema, dass du so sehr liebst. Und bist du erst dort, ist dir auch egal, wo genau deine Schlappen stehen.

Das müsste ich, selbst mit wenig Energie, gerade noch hinbekommen...

Wenn du dich nicht von dem trennst, was dich fertig macht, bist du derjenige, der fertig ist. Für immer.

Pessimist.

Realist. Aber du hattest ja eine Frage gestellt.

Welche nochmal?

Nach deinem Traum...

Stimmt. Was ist mit dem?

Ich denke, die Tatsache, dass ihr auf einem Schiff wart, zeigt an, dass du dich grundsätzlich schon auf „offenem Gewässer" befindest, mal symbolisch ausgedrückt. Dein Leben hat sich aus der Starre gelöst, aber einzelne Aspekte von dir sind noch aktiv, möchten dich gerne wieder ins alte Fahrwasser bringen. Stellvertretend durch die alte Frau. Sie hat dir gezeigt, dass sie mit anderen weiblichen Aspekten von dir, vielleicht neuen Ideen, Kreativität, Beweglichkeit und so weiter, kurzen Prozess machen kann. Jetzt bist du im Grunde aber schon so entschlossen, dass du weißt, wenn sie, die Routine, dich oder Euch aufs Kreuz legen will, du den Spieß umdrehst und ihr einen Tritt gibst. Denn du hast den Teil auf dem Arm, der für all das steht, was du im Leben umsetzen möchtest. Und den bist du gewillt zu schützen und zu verteidigen. Zur Not mit deinem Leben. So mal ganz grob. Macht das Sinn für dich?

Schon. Auf jeden Fall. Danke.

Gerne.

Und jetzt? Können wir die „Routine" zu Grabe tragen und würdig beerdigen?

Wir können uns darauf einigen, dass das Thema zwar nicht wirklich fertig ist, aber in Anbetracht deines aktuell dünnen Nervenkostüms wollen wir es für dieses Buch belassen.

Puhh.

Ich möchte aber tatsächlich noch erwähnen, dass ich insgesamt eigentlich weiter kommen wollte mit diesem Buch. Also thematisch. Allerdings habe ich die Dynamik von „Deppression & Co" scheinbar unterschätzt. Es hätte aber auch keinen Sinn gemacht, hätten wir das abgeschnitten, nur damit ich noch was hätte reinquetschen können. Insofern, ja, erst einmal Ende, aber im neuen Buch muss ich das ein oder andere noch dazu sagen. Bevor wir dann aber zu einem sehr spannenden, neuen Thema kommen werden. Und das

hat dann ganz stark mit dem Aspekt der „Frei-
heit" zu tun...

Oha! Dann ist jetzt Abschied angesagt? Ich werde
ganz traurig.

Lügner.

Ich könnte mich ja jetzt trösten, indem ich schon
mal im Internet nach einem alten Wohnmobil
Ausschau halte. Und dann kann ich nämlich
anschließend gleich noch die Banderolen bestel-
len.

Banderolen? Für was?

Für die Geldscheine. Die sollen doch kommen,
oder? Einfach mal den Bürohengst rauskehren,
sie vernünftig archivieren und stapeln. Schon
vergessen?

Sicher nicht.

Na also. Alles muss seine Ordnung haben.

Wohl wahr.

Und dann fahre ich mit dem Geldkoffer über die Grenze und kaufe ein schönes Haus in Italien.

Richtig. Was in dem Zusammenhang aber noch wichtig wäre, sind drei Dinge:

Bitte? Was kommt jetzt? Ich wusste, die Sache hat einen Haken...

Nein, keine Bange. Drei Dinge sind dabei wichtig: Erstens: Das Haus muss einen Pool haben. Zweitens: Das Grundstück muss relativ groß sein. Und drittens: Das Meer muss in der Nähe sein.

Welches denn von beiden möglichen? Und was bedeutet denn bei dir „nah"?

„Nah" bedeutet, dass du maximal 20 Minuten mit dem Auto zum Meer brauchst. Eher weniger.

Und welches Meer? Adria oder Riviera?

Lass dich überraschen.

Ich soll doch suchen und aussuchen, oder? Eine Überraschung bedeutet, dass man überrascht ist. Weißt du, was ich meine?

Natürlich.

Und?

„Überraschung" in dem Sinne, dass du schon suchst, aber das, was du finden wirst, schon fest steht. Und das ist halt die Überraschung. Deshalb sage ich dir auch nicht, an welcher Küste es liegt.

Es steht schon fest?

Ja.

Unwiderruflich? Keine Auswahl?

Nein.

Aber dann kannst du es mir doch auch sagen. Schon mal die Koordinaten durchgeben.

Nein. So läuft das nicht. Du musst schon deinen Hintern in Bewegung setzen. Im Übrigen soll das Haus auch nicht ausschließlich für dich oder deine Freundin sein, es soll mehreren Zwecken dienlich sein.

So was Ähnliches habe ich schon geahnt.

Na bitte. Vielleicht beginnt deine „Intuition" tatsächlich mal langsam an zu arbeiten...

Scheinbar. Aber wie ich dich kenne, brauche ich gar keine weiteren Fragen zu stellen?

Nein. Das kannst du dir schenken. Ich kann nur noch sagen, dass ihr euch da sehr wohl fühlen werdet, das Haus und die Umgebung bestens zu euch passt.

Du meinst mit „euch" mich und meinen Wellensittich?

Der bleibt besser Zuhause, wenn er krank ist. Du kannst dich stattdessen lieber mit jemandem unterhalten, der dir mehr sagen kann als „Piep".

Das wären tatsächlich mal völlig neue Perspektiven.

Na eben. Zudem: Dieser Mensch, von dem ich spreche, wer auch immer das sein mag, steht ja ebenfalls fest, wie bereits schon erwähnt. Und es wäre ja verwunderlich, hätte dieser spezielle Mensch nicht ähnliche Sehnsüchte wie du auch. Leider sind wir tatsächlich nicht mehr dazu gekommen, warum „ich" zu dir gekommen bin. Aber das werde wir sicherlich im dritten Buch nachholen. Dann wird vielleicht einiges klarer. Für dich, für euch. Nur soviel schon mal zur Kenntnis: Mich würde es vor diesem Hintergrund tatsächlich wundern, wäre deine zukünftige Freundin nicht etwas ganz Besonderes. Zumindest für dich. Also in jedem Fall keine Frau von der Stange...

Da bin ich beruhigt. Dann wäre sie vermutlich auch immer erst frühst zu Hause. Und ich ziemlich eifersüchtig...

„Eifersucht" ist aber nicht liebevoll.

Mir egal. An irgendwas muss ich ja noch arbeiten. Sonst wäre ich ja schon „erleuchtet". Und dann würde ich *dich* mal „besuchen" kommen...

Mein Vorsprung ist zu groß. Mich kriegst du nicht mehr...

Und was ist jetzt mit meiner zukünftigen Freundin?

Was soll mit ihr sein?

Wann ist es denn endlich so weit?

Dass du sie kennenlernst?

Ja? Oder kenne ich sie vielleicht schon?

Das werde ich dir nicht sagen, das würde in diesem Fall keinen Sinn machen. Du rutscht dann sofort in den Kopf. Und dann beginnt eine ständige Korrespondenz mit dir selber. Das willst du nicht, und ich auch nicht. Wohlgemerkt für dich...

Und jetzt? Ich brauche irgendetwas, bevor der Buchvorhang sich schließt...

Was soll ich dir sagen?

Irgendwas, mit dem ich leben kann.

Sehnsucht?

Allerdings.

Auf was denn genau?

Na, auf eine Partnerin. Ganz allgemein. Also bis jetzt war das kein großes Thema. Ich war irgendwie alleine glücklich. Aber das hat sich jetzt mehr und mehr verändert.

Soso. Stephan wird langsam häuslich?

Wieso „häuslich"? Ich möchte einfach eine Partnerin, mit der ich ... keine Ahnung, wie soll ich es denn sagen?

Deutsch und einfach wäre gut. Was wäre denn gerade wichtig für dich zu erleben?

Ich denke, dass ich einem Menschen mal wieder nahe sein möchte. Dem ich vertrauen kann. Den ich liebe. Mal ganz einfach gesagt.

Das klingt doch gar nicht mal so absurd. Und wie willst du dich jetzt vorarbeiten?

Ich hatte gehofft, das von dir zu erfahren. Vielleicht nach dem Kino einfach mal auf die Straße rennen?

Empfehle ich nicht.

Was dann?!

Ruhe bewahren. Als ersten Schritt.

Und nach „Ruhe bewahren"?

Drängel doch nicht so. Seit wann kann man Liebe erzwingen?

Schon klar. Aber irgendwie fehlt mir noch was. Das ist für mich alles nicht rund. Habe ich vergessen, noch was zu fragen? Beim ersten Buch war es dann doch auch so, dass es irgendwann fertig war. Das Gefühl zu haben, das war das Ende.

Ich weiß. Es ist ja auch noch nicht zu Ende.

Aber was kommt denn dann noch?

Was Schönes. Zumindest aus meiner Sicht.

Was ja nicht unbedingt immer deckungsgleich mit meiner sein muss...

Vielleicht nicht unbedingt auf den ersten Blick, hinterher aber meistens schon. Wenn du dich an das ein oder andere zwischen uns erinnerst.

Ich weiß.

Na also. Locker bleiben. Also was in diesem Zusammenhang, meiner Ansicht nach, wichtig ist bei Partnerschaften, dass beide Menschen „reif" sein sollten für das, was da kommt. Und niemand auf die Uhr schaut, oder auf den Monat, wann diese Reife eintritt. Mit anderen Worten: Es kommt von alleine. Wie von selbst. Heute bist du noch „alleine", morgen bist du zu zweit. Und das gilt eben umso mehr zwischen euch beiden. Das kannst du nicht mal zwischendurch abhandeln, weil beide meinen, sie hätten ein bisschen Zeit und Luft, und schieben schnell noch mal eine Partnerschaft ein.

Wer macht denn sowas?

Genügend. Da bist du, glaube ich, ziemlich naiv, was das betrifft.

Mag sein.

Ist so. Und weil du eben ein so treuer Geselle bist, ist das alles für dich immer eine große Sache. Du tust dich insgesamt nicht ganz so leicht, dir sind schnell Dinge peinlich, du verkrümelst dich dann wieder ins Schneckenhäuschen und so weiter. Ist es nicht so?

Kann sein. Vermutlich. Aber eher früher. Jetzt nicht mehr...

Schon möglich. Denn auf der anderen Seite bist du ja auch total mutig. Das Pendel schlägt bei dir zu beiden Seiten aus. Glücksache, was gerade geht oder auch nicht. Das, was da allerdings kommt, hat eine andere Dimension. Wenn ich das mal so sagen darf. Da geht es nicht mehr um Befindlichkeiten, um Egoismen.

Ich fühle mich jetzt nicht unbedingt „ego".

Ich weiß. Allerdings sind solche Sachen, wie „Peinlichkeit" oder auch „Schüchternheit" auch eine bestimmte Form von „Größenwahn".

Warum das jetzt? Eher das Gegenteil, oder?

Was ist „Größenwahn"?

Keine richtige Ahnung, ehrlich gesagt.

„Größenwahn" bedeutet, dass du dich „wichtig" nimmst.

Bitte? Aber sollte ich das denn nicht auch tun? Bestenfalls?

Schon. Ich meine mit „Wichtigkeit" allerdings die Tatsache, dass du dein „Ego" wichtig nimmst. Und wenn du „schüchtern" bist, dann stellst du dein Bedürfnis nach Distanz, nach Schutz deiner Integrität, über deine Sehnsucht nach Nähe und Verbindung mit anderen Menschen. Du empfindest diese Haltung als so „wichtig", dass das für dich nicht geht. Im Grunde bist du was Besseres.

Und bin ich das jetzt?

Manchmal schon.

Na toll.

Hält sich aber in Grenzen, kommt eher schubweise bei dir. Wenn dir die Nähe über den Kopf wächst, müssen alle anderen erstmal wieder weggeschubst werden. Und ausgerechnet du möchtest nun auf einmal eine Partnerin haben?

War ja deine Idee.

Es war nicht meine „*Idee*", *es ist vielmehr eine Tatsache, dass das so ist. Ich habe einfach einen Blick in die Glaskugel geworfen. Oder anders: Die Glaskugel hat so laut „Hallo!" gerufen, da konnte ich gar nicht wegschauen...*

Sehr witzig.

Nicht „witzig", eine Tatsache. Ich bin ja nicht zum Spaß bei dir...

Wohl eher mein „Personal Trainer"?

So ungefähr. Hatten wir uns übrigens schon mal über mein Gehalt Gedanken gemacht?

Ich nicht. Ist eh gerade schlecht. Im Zweifel müsste ich anschreiben lassen.

Na schön. Ich will dir jetzt nicht den letzten Taler aus deinem Portemonnaie leiern. Behalt es.

Danke. Und jetzt? Es fühlt sich immer noch nicht fertig an.

Ist es auch nicht. Weil:...

Weil?

Du wirst noch einmal Papa.

Wie bitte?! Hast du eine Meise?!

Sagt die Glaskugel.

???

Das ist das, was ich dir mitten im Buch schon sagen wollte, und dann wieder abgebrochen habe.

Zu Recht!

Reg dich bitte nicht auf.

Das darf doch nicht wahr sein! Und das darf nicht in dem Buch landen! Auch wenn ich es jetzt erstmal aufschreibe. Das muss wieder weg!

Warum? Bist du etwa größenwahnsinnig?

Du bist größenwahnsinnig!

Ich bin das, was ich bin. Bewusstsein. Fertig. Und wenn du mir den Satz noch erlaubst: Frei von jeglichem Größenwahn.

Ich erlaube gerade gar nichts! Was soll das?! Da war das Ende des letzten Buches ja eine Lachnummer dagegen!

Deine Freundin eine Lachnummer?

So meine ich das nicht. Infotechnisch gesehen. Und selbst da konnte ich schon schwer mit sein.

Ich sage ja: Du nimmst dich definitiv zu wichtig. Lass doch mal locker. Was hast du denn zu verlieren?

Alles!

Was denn genau?

Keine Ahnung. Aber ist das jetzt ernsthaft dein Ernst? Das mit dem, ... du weißt schon?

Na klar. Sogar mehrfach.

Mehrfach klar?

Mehrfach Papa.

Ich dreh durch! Das geht nicht. Das geht einfach nicht! Lass die Scherze. Das ist doch wieder so eine „Hinterher lachen wir alle darüber-Geschichte"! Oder?

Wir *lachen ohnehin alle darüber. Sind bester Laune.*

Ich frage besser nicht, was dieses „wir" bedeutet, ich habe gerade keine Laune. Einfach gar nichts.

Komm jetzt. Du freust dich doch bestimmt auch, oder? Mal wieder die ein oder andere Windel wechseln. Hast du doch lang drauf. Mit Augenzu.

Das macht gerade keinen Spaß hier.

Aber mal im Ernst: Wäre es denn wirklich soo eine Katastrophe, wenn es kommt.

„Es"? Du sprachst gerade von Mehrzahl.

Na und? Wenn du doch einmal dabei bist. Einzelkinder sind zu speziell. Das sieht man ja an dir.

Danke auch. Ich hätte gerne Geschwister gehabt.

Sicher nicht. Jedenfalls nicht als Kind.

Anderes Thema bitte.

Na komm. Ist doch alles gut, es wird alles gut.

Hört sich für mich gerade ganz anders an. Und wenn ich mich weigere?

Das kannst du nicht.

Was soll das heißen?

Dass es nicht geht. Du kannst dich dem nicht entziehen. Du kannst dich weder deiner zukünftigen Freundin entziehen, noch der Kinderschar.

Warum?

Weil es nicht geht. Weil es so klar in deiner Zukunft steht. Wenn du so willst, unwiderruflich.

Ich will die Kugel mal selber sehen!

Was du machen kannst, ist, dich mit deinen oder besser gesagt, euren Kindern zu verbinden. Das kannst du machen.

Verbinden heißt?

Im Geiste. Wie auch immer du das rein praktisch machst. In einer Meditation vielleicht, oder sie kommen mal im Traum bei dir vorbei. Irgendwie so.

Und dann? Frage ich sie, ob sie noch ganz sauber ticken, zu mir zu wollen?

Warum nicht.

Aber stehen sie schon fest, ich meine, die da kommen wollen oder sollen? Wer das ist?

Natürlich. Hast du doch mittlerweile gelernt, oder?

Ja, aber wenn das auf einmal so praxisnah auftaucht, ist das schon was anderes...

Immer schön theoretisch bleiben, gell?

Ich weiß nicht, was ich sagen soll. Außer: Lass uns bitte ein anderes Ende finden. Bitte!

Nein. In dem Fall nicht. Sorry. Das muss mit in das Buch rein.

Ich kotze.

Von mir aus. Geh doch mal kurz nach draußen...

-Pause-

Und? Wie war`s?

Kalt. Und Vollmond.

Na bitte. Passt doch.

Und jetzt? Ich bin fertig!

Das freut mich. Wie nach einem schönen Training?

Sicher nicht. Das ist doch alles ... verrückt.

Ja und nein. Verrückt wäre es, wenn es nicht passieren würde.

Was meinst du damit?

Ich will damit sagen, dass du der perfekte Papa für diese Kinder bist! Auch wenn du das gerade nicht schnallst. Und dass du der perfekte Partner für deine Partnerin bist. Und dass ihr die perfekten Eltern für eure Kinder seid. Auch wenn sich das alles etwas „verrückt" anhört. Es ist nicht logisch, dafür aber perfekt.

Immerhin. Mir wäre es logisch allerdings lieber...

Es gibt sogar eine Logik in dem Ganzen. Die zeigt sich allerdings erst hinterher. Etwas später.

Auf die bin ich echt mal gespannt.

Kein Problem. Und die wirst sogar du begreifen.

Dann kann es nicht allzu kompliziert sein.

Na eben. Ist es auch nicht. Eher völlig simpel, dafür aber genial.

Und jetzt?

Freust du dich denn vielleicht schon ein minibisschen? So ganz leicht? Kaum spürbar?

Keine Ahnung. Ich bin eher mit meiner Peinlichkeit beschäftigt. Dass das im Buch erscheinen soll, macht mich fertig.

Wenn das gerade dein größtes Problem ist, kann es dir doch gar nicht so schlecht gehen, oder?

Du hast keine Ahnung.

Eben doch. Und ich weiß, dass du dich freust. Du kannst mich nicht hinters Licht führen. Ich weiß das!

Vielleicht lässt du mich jetzt einfach besser in Ruhe. Ich bin leer.

So eine Art „Leere" wie am Anfang des Buches? Dann hätten wir den Kreis geschlossen und ein schönes Ende...

Schönes Ende?! Keine Ahnung. Was war da? Warum haben wir das hier überhaupt angefangen? Hatte ich was getrunken? Soll ich jetzt was trinken?

Besser nicht. Aber vielleicht nimmst du schon mal Kontakt auf? Nach oben. Zu den kleinen Rackern. Fragst mal, welchen Brei sie mögen. Können schließlich nicht sprechen, wenn sie auf die Welt kommen...

omg.